最後の読書

津野海太郎

新潮社

最後の読書　目次

装幀　平野甲賀
写真　新潮社写真部

1　読みながら消えてゆく

鶴見俊輔は晩年のほぼ二十年間、「もうろく帖」と名づけた手控えのノートをつけていた。合わせて二十三冊――。

興味はありましたよ。でも私的なノートだからね、とうぶん読む機会はあるまいと、そう考えていたら、思いがけず、京都の「ＳＵＲＥ」という編集グループがその一冊目を活字化してくれ、おかげで意外に早く読むことができた。

ＳＵＲＥといってもなじみのない人が多いと思うので、ざっと紹介しておくと、作家の黒川創、画家でエッセイストの北沢街子（妹）、編集者で、やはりエッセイストの瀧口夕美（妻）の三人がいとなむ家族出版社。それがＳＵＲＥです。二〇〇二年に活動を開始し、遠い近いの差はあれ、幾人もの知人を仕事場に招いて、おもに座談のかたちで、ちょっと薄めの本をだしつづけてきた。で、そのＳＵＲＥが発足八年後に刊行したのが、その間、一九九二年から二〇〇〇年にかけて書きつがれた「もうろく帖」の第一冊だったのです。鶴見さんはこのグループをよほどふかく信頼していたのだろう。なにしろ、発足以来、弱ったからだを押して一連の座談の場に加わりつづけただけでなく、『ちいさな理想』『悼詞《とうじ》』、詩集『もうろくの春』などから最後のエッセイ集『敗北力』まで、何点ものじぶんの本の出版をかれらの手にゆだねることにしたのだから。

ちなみにいうと、出版といっても、かれらのだす本は町の書店では入手できない。アマゾンでもだめ。宣伝もしないから、いちいちウェブで定価を確認し、郵便払い込みで注文するしかない。とうぜん発行部数もすくないし、たしかめてはいないが、本をだしても印税収入はたぶんあまり期待できないんじゃないかな。あったとしても、ごくわずか。それを承知で自著の刊行をかれらに託した。「よほど信頼していたのだろう」というのは、そういう意味でもある。

では、その「もうろく帖」とは、いったい、どのようなものであったのか。あとがきで鶴見さんがじぶんで書いている。

七十に近くなって、私は、自分のもうろくに気がついた。
これは、深まるばかりで、抜け出るときはない。せめて、自分の今のもうろく度を自分で知るおぼえをつけたいと思った。

このときかれの正確な満年齢は六十九歳と八か月——。

私も体験があるのでわかるのだが、この年ごろになると、体力、記憶力、集中力など、心身のおとろえがおそるべきいきおいで進行し、それまであいまいに対していた老いの到来——鶴見さんいうところの「自分のもうろく」ぶりに、いやおうなしに気づかざるをえなくなる。

死がすぐそこまで迫ってきている。でも、なにしろいちども経験したことのない事態だから、このさき老いの急坂をどう下ってゆけばいいのか、さっぱり見当がつかない。その点では、われわれ凡人にかぎらず、鶴見さんのような度外れに賢い人だって、なんの変わりもなかったみたい。

——さて、ならば私はどう老いてゆこうか。

そこで鶴見さんが思いついたのが、あとがきにあるように「もうろく帖」と名づけた小型のノートを用意することだった。読んだ本や、人の話から、老いにかかわる印象深いことばを短く書き抜いておく。そのために使うつもりだったらしい。

したがって最初のうちは俳句や短歌、ことわざ、日本や外国の詩や散文の数行などが、一ページにひとつずつ、大きな字で書き写されているだけ。ところが二年後、一九九四年九月に検査入院で大腸癌が発見され、別の病院で癌手術と胆石摘出。その退院の日に「今ここにいる。／ほかに何をのぞもうか」としるしたのち、書き入れのピッチが急に上がって、なかみも、じぶんのメモが中心になってゆく。わずか二行か三行の走り書き。たとえばこんなふうな——。

○みずからをよぼよぼと見さだめることのむずかしさ、

それには日々の努力がいる。

○ぼけはもうひとつの舞台。その舞台のルールをおぼえて、あるいは工夫して、ぼけのステージごとに演技をつづけたい。

○しばらく人間になれて

おもしろかった。

いい忘れたが、このころ鶴見俊輔は公開の場でも、老化にともなう「ぼけ」や「モーロク」といった現象を人生からのみじめな脱落ではなく、社会がはめる枷《かせ》からの自由として明るく理解したいと、繰りかえし書いたり語ったりするようになっていた。

老いをいやなもの、やっかいなものと見なしがちな社会にあって、みずからの「よぼよぼ」をすすんで受け入れ、そういうものとして周囲の人びとに納得してもらう。ただし、それには相応の覚悟と演技力がいる。そこに向けての「日々の努力」のあかし。もしくは、そのためのツール。どうやらそれがかれの「もうろく帖」だったようなのだ。

「しばらく人間になれて……」

輪廻転生かなにかで、ほんの短いあいだだったが、人間として生まれ暮らすことができた。「おもしろかった」と、ひとりでつぶやいて消えてゆく。

――ははあ、これも鶴見老の老人演技なのかね。

――と思うよ。でもかなり初期だな。私の経験では「ぼけのステージ」の1か2。そんな気がする。

＊

SURE版『もうろく帖』の刊行後しばらくして、鶴見さんは、のこり二十二冊のノートの束からえらんだ短いことばを編んで二冊目の本をつくろうと考え、その準備にとりかかっていた。しかしその作業を終えることなく没し、あとを黒川創がひきついで、家族の人たちとも相談の上、二〇一七年の二月末に『「もうろく帖」後篇』がSUREから刊行される。

倒れる直前の、最後のメモの日付は二〇一一年十月二十一日。

「私の生死の境にたつとき、私の意見をたずねてもいいが、私は、私の生死を妻の決断にまかせたい」

鶴見俊輔『もうろく帖』『「もうろく帖」後篇』
編集グループSURE

そのあと、星じるし（＊）をひとつはさんで、編纂者（もしくは家族のどなたか）の手になるこんな記述が付されている。

〔二〇一一年一〇月二七日、脳梗塞。言語の機能を失う。受信は可能、発信は不可能、という状態。発語はできない。読めるが、書けない。以後、長期の入院、リハビリ病院への転院を経て、翌年四月に退院、帰宅を果たす。読書は、かわらず続ける。

二〇一五年五月一四日、転んで骨折。入院、転院を経て、七月二〇日、肺炎のため死去。享年九三歳。〕

名うての「話す人」兼「書く人」だった鶴見俊輔が、その力のすべてを一瞬にして失ったということもだが、それ以上に、それから三年半ものあいだ、おなじ状態のまま本を読みつづけた、そのことのほうに、よりつよいショックを受けた。

鶴見の読書史はかれが三歳のとき、宮尾しげをのマンガ『団子串助漫遊記』を熱中して読んだことにはじまる。小学生のころは平均して一日四冊、授業をサボり、古本屋で立ち読みして、マンガや大衆小説を中心に一万冊以上の本を読んだのだとか。そこには『評判講談全集』『鞍馬天狗　角兵衛獅子』『相撲番付表』『苦心の学友』『小公女』『巌窟王』などのほか、丘浅次郎『進化論講話』や西村真次『人類学汎論』といった学術書、さらには『荘子』や『プルターク英雄伝』などの古典までが混じっていたという。

いくばくかの誇張があるかもしれない。でも、たとえそうだったとしても、当時、かれが日本一のモーレツな雑書多読少年だったことはまちがいなかろう。こうした特異な読書習慣は、十五歳で渡米したのちは外国語の本も加えて、その後も途切れることなくつづく。そしてその延長として、話す力や書く力を完全に失ったのちも、鶴見は最後まで、ひっきりなしに本を読みつづけることをやめなかった。すなわち発信は不可能。でも受信は可能――。

――ふうん、もしそういうことが現実に起こりうるのだとすると、老いの底は、いま私が想像しているよりもはるかに深いらしいぞ。

ショックを受けてそう思い、またすぐにこうも考えた。もしこれが鶴見さんでなく私だったらどうだろう。たとえかれほど重くなくとも、遠からず私がおなじような時空に身をおく確率は、けっこう高い気がする。そうなったとき発信の力を欠いた私に、はたして三年半も黙々と本を読みつづける意力があるかどうか。

いまのところ「ある」といいきる準備は私にはないです。でも鶴見俊輔にはあった。どこがちがうのかね。そう思って晩年のかれの文章をいくつか読んでみたら、二〇〇二年（脳梗塞で倒れる九年まえ）にでた『読んだ本はどこへいったか』中の「もうろくの翼」という文章で、こんな記述にぶつかった。

……ふだんは自分の意志で自分を動かしているように思っていても、その意志を動かす状況は私が作ったものではない。（略）今、私が老人として考えているのは、何にもできない状態になって横になったときに、最後の意志を行使して自分に「喝《かつ》」と言うことはできるのかという問題です。

この本は二〇〇〇年から〇二年にかけての京都新聞の連載をまとめたもので、ちょうど「もうろく帖」の執筆時にかさなる。

おわかりでしょう。

すでにこの時期、鶴見さんは「何にもできない状態になって横になった」じぶんを思い浮かべ、そのステージでのじぶんの行為が「自分の意志」（自力）によるものなのか、それとも老衰をもふくむ「状況」（他力）にもとづくものなのかを、最後の病床で、実地にためしてみようと考えていたらしいのである。

そしてもうひとつ、『もうろく帖』第一冊に、以前は見すごしていたこんな一行（幸田文「勲章」からの引用）があったことにも、あらためて気がついた。

書ければうれしかろうし、書けなくても習う手応えは与えられるとおもう。

原稿や手紙やこの「もうろく帖」を書くことや、日常のおしゃべりができれば、もちろんうれしい。だが仮にそれらのすべてが失われても「習う手応え」はのこる。「習う」は「教えられて自分の身につける。まなぶ」（広辞苑）という意味。本による「まなぶ」もふくむが、それだけじゃないな。からだの不自由度がまし、極端に狭くなった生活環境にあっても、ささやかな日常の体験によって考え、「習う手応え」を得ることぐらいはなんとかできるはずだ。

まだ発信能力を保持していたこの段階で、鶴見さんはいくつかの仕事（書くこと）のプランを抱え、そのための読書をつづけていた。

しかし、この状態が死ぬまでつづくとは思えない。私とおなじく、鶴見さんも「そのとき私はこれまでどおりに本が読めるだろうか」と自問し、自力であれ他力であれ、ともかく「読める」と考えることに決めたようなのだ。モーレツな雑書多読派（「私は赤川次郎の小説を二百冊以上読んでいる」など）の習慣をつらぬいてきた鶴見さんにとって、じぶんをためす手段として最後にのこるのは、やはり読書しかなかったのだろう。

ただし、なにかのためでなく、じぶんひとりの「習う手応え」や「よろこび」を得るためだけの読書。『団子串助漫遊記』に熱中した三歳児のころを考えてみよ。かつて私はそのようにして本を読みはじめた。とすれば終わりもおなじ。私の読書史はまもなくそのように終わってゆくにちがいない。

＊

あらためて「習う手応え」という幸田文のことばに遭遇し、「あれ？」と思った。そういえば、おれはいつだったか、おなじようなことばにどこかで接したことがあるぞ。そこで本棚をさがして見つけたのが堀江敏幸の文集『象が踏んでも』だった。

そこに収録された「途切れたままの雰囲気を保つこと」という文章で、堀江は、「私の年代であっても、『学ぶ』というときには、取り込んだものを少しでも消化して、遠い将来、なんらかのかたちで外に出したいとひそかに願ったりするものだ」とのべ、その上で、学生のころ、それとは対照的な「学ぶ」のかたちに串田孫一の「ドン・キホーテと老人」というエッセイで出会った、としるしている。

このエッセイでは、串田によく似た語り手の男が不治の病におかされた老人を訪ねて行く。『ドン・キホーテ』をスペイン語で読みたい。そんな老人の希望を知った男は、町の大きな書店で原書を買って病床にとどけた。ベッドのかたわらにはラジオのスペイン語講座のテキストと辞書がおいてあった。しかし老人は数日後に亡くなり、その報せを受けて、男は「人の死に巡り合っていつももてあます儚さが感じられず、学ぶという営みの、その途切れたままの雰囲気が妙に貴く思われた」と語る——。

そして、この文章をひさしぶりに再読した堀江は、そこで見つけた「学ぶという営み」の「途切れたままの雰囲気」という一行について、こうのべる。


老人は、しかし老人になるまえから好奇心旺盛で、余命いくばくもないと悟ってから急に勉強をはじめたわけではなかった。語り手が観察してきたように、この人物はむかしからずっとそんなふうに過ごしてきて、死を直前にしても変わらなかったというだけの話である。

（略）具体的な目的があっての勉強ではない。理屈抜きに知ることが楽しくて、それを糧にしてきた人間にだけ許される「通過点」なのだ。到達点ではなく通過点を重ねてこの世から消えるような、そういう勉強の仕方を身につけた方々が、たしかに存在する。

なにかの目標があってというのではなく、いまここで生きるじぶんのよろこびのために読む。串田孫一や堀江敏幸のいう、点数や成果のための「学ぶ」とはことなる、こうした「通過点」としての「学ぶ」が、そのまま鶴見（幸田）の「習う」にかさなってゆく。「到達点ではなく通過点を重ねてこの世から消えるような――」

まさしく「死を直前に」した鶴見俊輔じゃないの。そういえば鶴見さんも、若いころから、到達すべき真理などというものはない、真理はそこをめざすぼんやりした方向の中にしかないのだ、と好んで書いていたっけ。

この文章を書いたとき堀江さんは四十六歳。つまり壮年まっただなか。いい文章だと思うけれども、ちょっとだけ「本を読む老人」を理想化している気配が感じられないでもない。その点、「もうろく帖」の筆者は老人そのものだから、理想化をドライに茶化して、このようにも書くことができた。

インテリはみんなつまらん　つまらんが
つまらんなりに本を読みつぐ

もうろくの最終ステージにあって、枕元に積んだ本の山を横目に、頭の中でそう黙ってつぶやく鶴見さんのすがたが見える。思わず笑っちゃうね。鶴見さんも半睡半醒のまま笑っていたんじゃないかな。

鶴見俊輔『もうろく帖』二〇一〇年、『「もうろく帖」後篇』二〇一七年、いずれも編集グループSURE
鶴見俊輔『読んだ本はどこへいったか』聞き手・山中英之、潮出版社、二〇〇二年
堀江敏幸『象が踏んでも——回送電車Ⅳ』中央公論新社、二〇一一年（引用はこちらから）／中公文庫、二〇一四年
串田孫一『ドン・キホーテと老人』青娥書房、一九七六年

SUREについて
http://www.groupsure.net
〒612-8073　京都市伏見区下板橋町644-1　下板橋住宅E-105
電話　075-761-2391　ファックス　075-320-1799
メールアドレス　info@groupsure.net

2　わたしはもうじき読めなくなる

幸田文に「勲章」という比較的よく知られた文章がある。半世紀以上まえに書かれたものだが、その文章を二十世紀末に、老年後期に足を踏み入れた鶴見俊輔が読み、ここにはいまの私につうじるなにかがあるぞと、なかの一行をじぶんの備忘録「もうろく帖」に書き写した。

書ければうれしかろうし、書けなくても習う手応えは与えられるとおもう。

と前章でそう紹介しながらも、ちょっと気になったことがある。

鶴見さんは、というよりも私は、ここで文さんの「書ければ」や「書けなくても」の「書く」

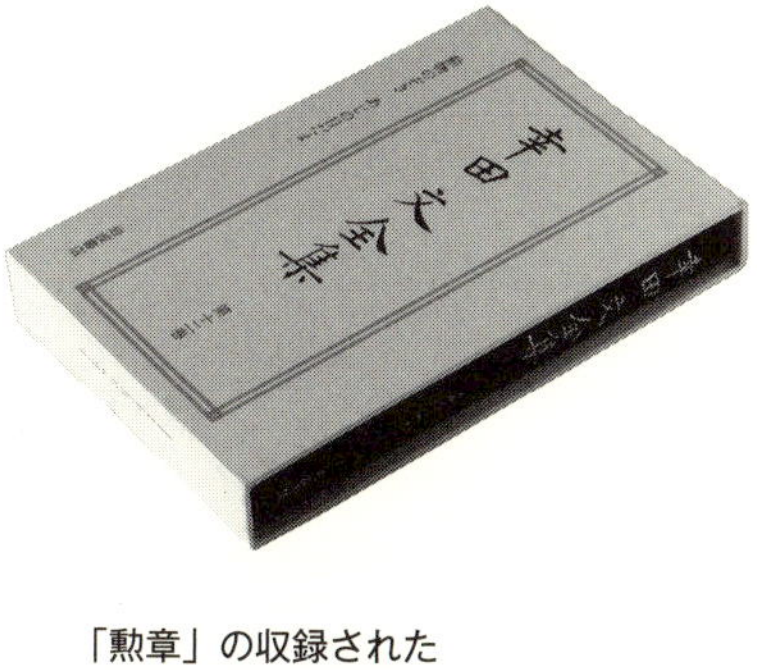

「勲章」の収録された
『幸田文全集・第十二巻』岩波書店

を「文章を書く」ことと理解し、かの女の「習う手応え」を、そのまま鶴見さんの「知る楽しみ」にかさねている。でも、ほんとにそれでいいのかね。書くうちに、そのあたりの判断がしだいにあやふやになってきたのだ。

——具体的な目標があっての読書ではなく、ただ「知る楽しみ」をもとめて本を読みつづけるうちに、いつのまにか、じぶんがこの世から消えていた。

鶴見老が、もしくは私が、みずからの老人読書についてそう考えるのはいいのですよ。でも、この「勲章」という文章を書いたころの、まだ四十代だった文さんまでがおなじように考えていたというのは、ちょっとむりがあるんじゃないかな。

鶴見さんはさておき、私についていうと、幸田文に「勲章」という作品のあることは知っていたし、いちど読んだという記憶もある。

父・幸田露伴が、長岡半太郎や佐佐木信綱や横山大観らとともに第一回の文化勲章を受けた。それが一九三七年四月。私の生まれたのが三八年の四月だから、そのちょうど一年まえ。当時、新川の清酒問屋の息子と結婚していた文さん（ほどなく離婚）は、八歳の長女（青木玉）をかかえて日々の重労働に追われていた。姑の冷たい目。自分勝手な夫。すぐに父をたずねて祝いをのべる余裕も与えられない。そうしたあれこれを戦後しばらくたって書きとどめた長めの随筆だったと思う。

この随筆を鶴見さんは岩波書店からでた『幸田文全集』で読んだらしい。私？　私はたぶん文庫版『ちくま日本文学』の「幸田文」の巻で読んだんじゃなかったっけ。

そこで手持ちの同書をめくってみたら、予想どおり、ちゃんと巻頭に収録されている。ところが、ありゃりゃ、かんじんの一行がどこにも見当たらないじゃないの。

すこしあわてて地域の公立図書館のサイトに接続し、蔵書検索のページでしらべると、『幸田文全集』の第十二巻に、たしかにもうひとつ、おなじ「勲章」というタイトルのごく短い文章のあるのがわかった。図書館に行って現物に当たると、さきの「勲章」の成立過程を回想する、いかにも幸田文らしい、さばさばした口調の短文である。巻末の「後記」によると、一九六二年三月、『朝日新聞』の「わが小説」というコラムにのったものだという。

正確にいえば、こちらは「わが小説」＝旧作「勲章」について語る主旨のものなので、作品名にカギ括弧がついている。とすれば、ここでは括弧をふたつ重ねて「『勲章』」と表記すべきなのだろうが、なんだかごたごたしそう。思い切って、ふたつある「勲章」の前者を「勲章ａ」と、後者を「勲章ｂ」と呼ばせていただく。

で、その「勲章ｂ」によると、前者の「勲章ａ」が『文學界』一九四九年三月号に掲載されたさい、小説として扱いたいという編集部の上林吾郎と、「いつもの通り」の作文を「小説と銘うたれたら」「さぞ気ぶっせいなことだろう」とこばむ文さん（当時四十四歳）とのあいだで、ちょっとした対立があったらしい。けっきょくは文さんがじぶんの我《が》を押しとおすのだが、あとですぐ後悔した。どうせ「微々たる短文章なのだから、上林さんほどのひとに小説といわれたら、なぜ素直に小説にしておかなかったか」――いやな女だなァ、と自嘲し、そしてこうしめくくる。

六十の手習いということがある。あれはごく自然なのか、とおもう。（略）行儀のよくないのも、ぞんきなことをやってしまうのも、我の強いのも説教好きなのも、それはそれとして、そろそろ手習いをする時間かもしれない。書ければうれしかろうし、書けなくても習う手応えは与えられるとおもう。

——おやおや、こんなところにあったのか。ホッとしましたよ。

「ぞんき」とは「無愛想」を意味する江戸ことば。それもふくめて「行儀のよくない」から「説教好き」まで、すべてがじぶんのやっかいな性癖へのなげき。このコラムにかぎらず、たとえば文さんは、ある昔なじみの編集者（矢口純）との対談でも、ざっくばらんにこう語っている。

「あたし若い時からね、女らしいとか優しいとかって言われたことないの。強い、強情っぱり、そいから頑張り。（略）頑張りっていうの、父はあんまり好きじゃなかった。〝偉い〟っていうのは、イライラするの『イラ』から出ていて、その『イラ』には、棘《とげ》があるって言うんですね」

（『増補　幸田文対話』）

そんな私をいやがって父さんがフンとそっぽを向く。ことほどさように私は業の深い女なのよ。どうやら日ごろ、そんなふうに文さんは感じていたようなのだ。

そして「手習い」は習字、つまり「文字を書く練習」のこと——。

ただし、この「勲章b」を書いた一九六二年には、かの女はもう半シロウトの物書きではなく、すでに『流れる』や『おとうと』などの代表作をもつ、れっきとした小説家になっていた。したがって、ここで文さん（当時五十七歳）が「書ければうれしかろう」としるしたときの「書く」は、文字ではなく文章、とくに小説をさしていたことになる。まずは心を落ちつけて、いっそう「小説を書く練習」にはげみ、あわせて我がつよく無愛想なじぶんの性《さが》を矯《た》めなおそう、まだおそくはないぞ。いささかわかりにくいけれども、おそらくそんな意味合いだったのだろうという推測がつく。

――ふうん。でも、もしそうなら鶴見さんは幸田文の小説修行という本来の文脈を無視し、問題の一行を、七十代にはいったじぶんの境遇に合わせて、むりやり老人読書の話にしてしまったことになるぜ。それでいいの？

――だからさ、私もそのことがちょっと気になっていたのよ。

そう頭の中で答え、いや待てよと、さらに考える。ただね、いちおうはそうなのだろうが、かならずしもそれだけじゃないかもしれんよ。

＊

ではなぜ「それだけじゃないかも」なのか。

さきにのべたように幸田文が「勲章ａ」を書いたのが一九四九年。そしてその二年まえ、一九四七年には露伴が満八十歳で没している。

その直後から、それまで文章を書こうなどと思ったこともなかった文さんが、編集者のすすめもあって、最晩年の父とその死をめぐる一連の随筆を発表しはじめる。「雑記」「終焉」「葬送の記」など。それらが評判を呼び、以来、新聞や雑誌の求めに応じて、娘の目から見た老文豪の暮らしのスケッチを、切れ味のいい文体で書きつづけることになった。「勲章a」も、じつはこの流れのなかで、文さんいうところの「いつもの通り」の作文として書かれたものだったのだ。つまり文さんは、この段階ではまだ、じぶんをただのシロウトと見なし、プロの作家だなどとは考えてもいなかったのである。

もし生前の父が私のなかにそんな気配を感じたら、なにをいわれたかわかったもんじゃない。想像しただけで気ぶっせい（うっとうしい）。だからこそ彼女は、じぶんの作文を「小説」にされてしまうことに、あれほどかたくなに抵抗したのだろう。

そして、そのことと関連してもうひとつ——。

のちに「勲章b」の末尾に「書ければ」とか「書けなくても」としるしたとき、文さんの頭には、まずじぶん自身の「書く」があった。それは既述のとおり。しかし、でも、たぶんそれだけじゃないな。あのよるべない日々を回想しながら、かならずや文さんは、じぶんが見守るまえで、あっというまに書くことも読むこともできなくなっていった父のすがたをも、あわせて思いだしていたにちがいないのだから。

露伴の心身のおとろえは、すでに七十代にはいるころから顕著になっていた。文さんも、さきにあげた「雑記」という随筆で、父は「古稀の頃から『年毎に老いを覚えて』と云っていたが、喜寿の頃には『月毎に磨り減って来る』と云った。今では日毎に感じているのではあるまいか」

とのべている。

膝や腰にガタがきて、急には立ち上がれなくなった。かがむこともできないし、手ぬぐいや布巾も満足にしぼれない、歯が「がくがく」して痛み、好物の、やわらかく塩蒸したアワビも噛めなくなった。のみならず視力がいちじるしくおとろえ、耳もよく聞こえなくなっている。

眼は白内障だから、もはや眼鏡はおっつかないらしい。ものを読むことはもう諦めている。ツァイスの拡大鏡を使えばまだ読むことができた時分であるが、雑誌関係の或る人の請を断りかねて原稿の依頼を取次ぐと、「わたしはもうじき読めなくなる、しかも読みたい本はどっさりだ。書いている時間は無いよ」と云った。が、今はもう読みたい為にいらつくということは無く、心静かにいる。

2　わたしはもうじき読めなくなる

つまりはそういうこと。

露伴が死んで十五年。このころ「勲章b」を書く幸田文は、まだ、かつて住みなれた小石川の住居「蝸牛庵《かぎゅうあん》」を空爆で焼かれ、ようやく移り住んだ千葉県市川市菅野の茅屋《ぼうおく》で、

「わたしはもうじき読めなくなる」

とつぶやいた生前の父のすがたを忘れていなかった。

その結果、文さんがしるす「書ければうれしかろうし」という一文には、あらためて「書く」をえらんだ気丈な娘のすがたとともに、とうとう「書く」も「読む」も不可能になった亡父の失

われた希望のかたちまでが二重写しされることになった。意図してそうしたのかどうかはわかりませんよ。だがどちらにせよ、読む者はこの文章の背後に、読み書きの力をうばわれた老露伴のすがたがひそんでいることを、いやおうなしに意識させられてしまう。

そしてこの「読む者」のうちには、とうぜん、さきの鶴見俊輔もふくまれる。鶴見さんは若いころから露伴の書くものが好きだった。老いた露伴が直面した苦境のことも知っていた。だからこそ文さんの「書く」を透かして見える露伴の「書けない」や「読めない」に、思わず知らず、じぶん自身の今後をかさねてしまった。そういうことだったのではないだろうか。

——あなたと同様に、私も書ければ（読めれば）うれしい。しかし、もし書けなくなった（読めなくなった）としても希望の最後の一片はのこるだろう。

誤読？

もしかしたらね。しかし、もしそうだったとしても、もともと鶴見俊輔は、みずからいう「誤解する権利」を最後まで捨てずに生きた人なのだ。まちがいなくして発見なし。そういいきる確信的な「まちがい主義者」でもあった。とすれば誤読ＯＫ、もしそれがもうろく老人の誤読であればなおさら。そう考えていたとしてもふしぎはないと私などは思うのだが、どんなものであろうか。

＊

幸田露伴の「最後の読書」について、もうすこし書いておこう。

一九四三年から敗戦をはさんでの五年間、露伴の助手役をつとめた塩谷賛《しおたにさん》という人物がいる。本名を土橋利彦といい、のちに中央公論社から『幸田露伴』という全三巻の大きな評伝をだす。それによると、この年のはじめごろ、白内障に苦しむ露伴が、じぶんに代わって読み書きしてくれる助手をさがす覚悟をやっとかためたらしい。そこでえらばれたのが、編集者としてしばしば露伴宅をおとずれていた土橋青年だった。

白内障は全く見えなくなれば手術ができるが露伴はとにもかくにもまだ見えていたし、それに糖尿病があっては手術はかなわぬのだそうである。それでも手術がしてもらえるかどうかという確かめに、文子に連れられた形で東大へ行った。（略）診察を丁寧に受けたあと、「手術はやはりできませんですなあ」と言われた。（略）タクシーの便がないので眼科から正門まで歩かなくてはならなかった。露伴は治療のあと疲れたのでそろりそろりと歩く。初夏の日が暖かく朴の花が咲いている。その花も露伴には見えないのである。「そのへんに腰かけがあったら休みたいがな」と言う。露伴は額に薄く汗を掻いていた。そのくせ木蔭で休んでいると、「肌寒い感じがする」と言うのであった。そのとき、「目が衰えると気も衰えるものだね」と感慨を洩らした。

書けないこともだが、それ以上に読めないことがつらい。文さんの随筆「結ぶこと」には、

「眼もひどく薄くなってきているから、生きているうちの見える時間は有効に使いたい。書くより読むことのほうが大事《だいじ》でもあり、楽しい」という露伴のことばが記録されている。白内障が決定的に悪化するまえの内輪での宣言みたいなものだったのだろう。

露伴は儒教や仏教思想や漢詩文などの「かたい本」にかぎらず、幼いころ熱中した絵入りの浮世草子や黄表紙にはじまり、白井喬二や中里介山や吉川英治や大佛次郎たちの新しい時代小説まで、かれがいうところの「柔らかい本」もさかんに読んだ。なかでも探偵小説や怪談や幻想的な魔法小説などの広義のミステリー本が好きで、じぶんでも「あやしやな」や「自縄自縛」にはじまり晩年の名作「幻談」まで、その手の小説をいくつも書いている。乱歩や小栗虫太郎がデビューした人気雑誌『新青年』も愛読していたという。送ってこないので、やむなくじぶんで買って読んでいたのだそうな。

と、こう書けばおわかりのとおり、「好みの読書横町をそれからそれへと巡りあるくようだった」と文さんも「結ぶこと」で書いているごとく、鶴見さん同様、露伴もまた近代日本を代表するモーレツな雑書多読派のひとりだったのである。ただし年をとるにつれて、雑は雑でも、そのなかみは相応に変化してゆく。

晩年の読書で少しばかり私が窺《うかが》って知っているのは、楽しく読むのが詩、読後あたまからそれが離れなくて、大好きなお酒を飲みながらも考えてしまうようになるのが金石の塡字《てんじ》、おもしろがって読むのは地理書、それから医書、――これは齢をとって健康が案じられ、泥縄式知識を得ようとしたのではない、どんどん進歩する外国医学を早く知りたがっていたのである。ことに心とか魂とかいうものを外国人がどう考え、どう取扱うかということなどである。

古い石碑や金属器に刻まれた文字（金石文）を紙に写しとった拓本の欠字を一つひとつ推理して埋めてゆく。それが塡字。それと近所の日蓮宗の寺で買った法華経の二号活字で組まれた安価な経本。そのどちらかが「父自身が文字を読み、手に取った最後の本」（「結ぶこと」）だったのではないか、と文さんはいう。なるほどね、目が不自由なだけに、どちらも字が大きいや。晩年の露伴が「読みたい本はまだどっさりある」といったのも、あるいは、おもにこうしたものを指していたのかもしれない。

そして、それに並行して、居間や書斎をかねる六畳の病室では、戦前期にはじまる『芭蕉七部集』の注釈作業がようやく終わりに近づいていた。

ただし露伴にはもう読み書きする力がない。書けない、話せない、でも読める。それが最晩年の鶴見俊輔だったが、視力を失った幸田露伴の場合は、読めない、書けない、でも話せる。――そこで口述筆記。それと調べ物とを助手の土橋にゆだねることになった、と幸田文の「雑記」にある。

時々土橋さんに本を読ませて聞く。内容が気に入らない時にはおもしろい。「君、その著者は頭が悪くていかんね。どうしてそういう論が成立つ」と声に張りをもって来ると、そこにいる土橋さんは当の著者の代用品にされた形で、盛んに反撃を受ける。本物ではないから、はあ、そうですかなんてのんきにやっているが、七部集の時は仕事であり勉強であるから、〔土橋さんは〕一しょう懸命である。荷兮《かけい》になったり文考《しこう》になったり大童で説を立て論拠を構えるが、（略）「この句甚だおもしろからず、愚句なり」などと斬捨てる。ハテ斬られてけりになったか、……

荷兮は山本荷兮、支考は各務《かがみ》支考。かれら数人の弟子たちが、師を中心とする俳諧連歌（連句）から七つの歌仙をえらんだ。それが『芭蕉七部集』である。

そのうちで最後にのこった発句（俳句）の注釈が今回のしごと。新旧の研究書や歌仙参加者の発言の記録がのこされているので、それらも利用して稿をつくる。クセのつよい論をする者がいると、かれらになりかわって土橋が説明する。しかし寝たきりの露伴はそう簡単には納得してくれない。そのつど七転八倒させられる。なかなか楽なしごとではなかったのだ。

それでもなんとか作業を終えたのが一九四七年三月。そして四か月後の七月三十日、露伴逝去。その年のうちに岩波書店から『評釈猿蓑』刊行、『評釈炭俵』『評釈続猿蓑』があとにつづいて一九五一年に全七巻が完結した。

それにしても、視力を失った晩年の露伴は、文さんがいうように、ほんとうに「読みたい為にいらつく」ことがなくなっていたのだろうか。父さんは感情を枯れ木のようにして水底に沈めてしまうことができた。そう文さんはいうけれども、そしてそれは事実でもあったのだろうが、「目が衰えると気も衰える」という心理的などん底状態にあって、なおも「心静かにいる」には、それだけではいささか対策が足りない気がする。

だとすると、もしかしたら露伴は、

――ちょっとした助けがあれば、「読めない、書けない、でも話せる」私でもつかいこなせる、なにか具体的なしかけがほしい。

そう考えて助手をさがし、再開にこぎつけたのが『芭蕉七部集』の注釈作業だったのかもしれんぞ。書くうちに、だんだんそんな気がしてきた。だから鶴見さんでいう「もうろく帖」みたいなもの。無理筋かね。でも私のようなグータラ男とちがって、露伴先生はアタマだけでなくカラダもよく動く「手の人」だったからさ。いかに老いたとはいえ、そんなていどのたくらみなど平気でやってしまいそうじゃないの。

幸田文『ちくま日本文学・幸田文』筑摩書房、二〇〇七年
幸田文『幸田文全集・第十二巻』岩波書店、一九九五年
幸田文『増補　幸田文対話（下）――人生・着物・樹木』岩波現代文庫、二〇一二年
幸田文『ちぎれ雲』講談社文芸文庫、一九九三年（「雑記」「結ぶこと」を所収）
塩谷賛『幸田露伴（下）』中央公論社、一九六八年

3　子ども百科のテーマパークで

はじめてはいった書店の平台に分厚い伝記の本が積んであった。Ａ５判で五百ページもある大きな本で、『子どもの本のよあけ――瀬田貞二伝』というタイトルがついている。

――おや、こんな本、いつのまにでたんだい？

あわてて奥付を見ると「二〇一七年一月一五日　初版発行」とある。へえ、もうひと月もまえなの。知らなかったな。でも著者の荒木田隆子という名にはおぼえがあるぞ。福音館書店の元編集者で、以前、瀬田の『落穂ひろい』という大著を編集した方だったはず。お会いしたことはないけど、たしか私より十歳くらい若い人なんじゃなかったっけ――。

もう四十年以上まえの話になるが、瀬田貞二とその仲間たちのことをしらべて本にしようと考えていた時期がある。でもその後、坪内逍遙伝や植草甚一伝や花森安治伝を書きつぐうちに年をとり、新しい仕事にとりかかる気力もいつしか薄れてしまった。

その、とうの昔に頓挫した計画が、思いがけず私ではない人の手で実現された。それでちょっとあわてたわけだが、齢が齢なので、くやしいとか、先をこされたとか、その手のなまぐさい感

荒木田隆子『子どもの本のよあけ
――瀬田貞二伝』福音館書店

想はいっさいなし。あるのは、生きていてよかった、おかげで長いあいだ知りたいと思っていたことがやっとわかるぞ、というよろこびだけ。

念のためにおことわりしておくと、その「四十年以上まえ」——つまり一九七〇年代の私にとっての瀬田貞二は、『かさじぞう』や『ふるやのもり』や『おだんごぱん』といった民話絵本の作者でも、トールキンの『ホビットの冒険』やC・S・ルイスの『ナルニア国ものがたり』などのファンタジー大作の著名な翻訳者でもなかった。これらの本の刊行がはじまった六〇年代なかばには、すでに私は大学をでて社会人（編集者兼演劇人）になっていた。だからもうおとな。それらの本の最初の熱烈読者となるには、いささか時期がおそすぎたのですよ。

では私が最初に知った瀬田貞二とは、はたしてどんな人物だったのか。職業でいえば編集者——具体的にいうと、一九五一年から五六年にかけて平凡社から刊行された『児童百科事典』という全二十四巻の子ども向け百科のすぐれた編集者だった。

この『児童百科事典』発刊の一九五一年、すなわち大日本帝国敗戦の六年後に、私は新宿の区立中学校にはいった。おそらくはその進学祝いという名目でサラリーマン夫婦の親たちをくどき、この子ども百科を買ってもらうことに成功したのだろうと、のちに「子ども百科のつくりかた」（『小さなメディアの必要』所収）という文章で書いたことがある。

子どもむけとはいうものの、B5判のクロース装・箱入り、一巻平均三二〇ページに百項目強をおさめる大がかりな百科事典である。最初の計画がたてられたのは戦後もごくはやい時期だったらしい。「人民政府が樹立したのちにも、そのまま通用する子ども百科を」というのが、編集スタッフの合言葉だったという伝説がある。編集長の林達夫を中心に、子どものためのあたらしい文章をさがしもとめて、なんども文章教室がひらかれたともきいた。たしかにそうした意気ごみがビンビンとつたわってくるような、力のこもった子ども百科だった。

このエッセイを『グラフィケーション』という企業PR誌に寄せたのが四半世紀後の一九七八年で、このとき『児童百科事典』の現物はもう私の手元からは消えていた。その十年ほどまえに演劇活動にのめりこみ、あっというまに食えなくなって、子どものころからの蔵書を三千冊ほど、早稲田の古本屋に売り払った。そのなかにこの百科がふくまれていたのだ。

しかし失われた子ども百科の記憶やそれへの愛着心は以後も消えなかった。そのことはおなじエッセイで、「第一巻の冒頭の項目は『愛』だった。ギリシアの壺絵をうつした二色刷りの挿絵が記憶にのこっている」とのべているとおり。

ただし白状すると、まともにおぼえているのはこの「愛」だけで、それ以外の項目については、自信をもって「読んだ」といえるほどの記憶はない、ようするに往時の私にとって、この百科はしっかり読むというよりも、まずは二色刷りの挿絵にひかれて、ところどころ拾い読みしながら遊びまわる賑やかなテーマパークみたいなものだったのである。

——テーマパークみたい？

——うん。たとえば一巻ごとにちがう色のカバーのまんなかにおかれた黄色いひまわりの花とかさ。その花の写真がボール紙製の函にあいた丸い穴をとおして見えるしかけや、見開き二ページにひろがるサーカス場の大きな俯瞰イラスト（絵・茂田井武）もそう。あと印刷文字の印象が、ほっそりと洗練されていて、ほかの本とすこしちがっていたことなんかも。

はさみこみのリトルマガジン「ぺりかん」もそこにふくめて、「それらは全体としてうまくできたひとつの世界をかたちづくっており、その世界（略）のなかを、埃くさい中学生だった私が、ちょっとばかり上等な気分でうろついていた」（「子ども百科のつくりかた」）というわけさ。

——いつかおれもこんな公園世界をつくる仕事に参加してみたい。

本気でそう考えた。ただし一介の中学坊主だった私に「編集」や「編集者」の明確なイメージなどあろうわけがない。さまざまな専門をもつ人びとが力を合わせてなにかをつくる。そうした仕事のしかたへの共感が、この事典にしたしむなかで私のうちにじわじわと根づきはじめた。たぶんそんな感じだったのだろう。

といったしだいで、この子ども百科への関心を長いこと捨てられずにいたあいだに、そのヴィジュアル面のかなめに原弘《はらひろむ》という先駆的なグラフィック・デザイナーがいたとか、あの繊細な印刷文字は、旧来の鉛活字ではなく、日本の写真植字の祖、石井茂吉がつくった「石井細明朝体」という有名な写植書体で、一九五一年の完成と同時に『児童百科事典』に本格的に採用されたものなのだ、というようなことも徐々にわかってきた。

ただし、このエッセイを書いたころの私には、ほかにもうひとつ、まだ解けていない大きななぞがあった。なぞというか、あの子ども百科のほんとうの編集長は林達夫と瀬田貞二のどちらだったのだろうかという、ごく初歩的な問いですね。

当時、林達夫の名は昭和期の日本を代表する人文・洋学系の「大知識人」として、広く知られていた。そのせいもあってか、アカデミックな社会の権威ある編集者（＝組織者）という別の一面もあり、戦前は岩波書店の看板雑誌『思想』の独裁的な編集長役をつとめ、戦後も、一九五五年にスタートする平凡社の『世界大百科事典』プロジェクトの編集責任をになうことになる。

対するに瀬田貞二は夜間中学の元教師で、高校時代のしたしい友人、日高六郎のつてで新百科の編集要員として平凡社に入社したばかりの無名の人。いかに有能であろうと、そんな人物が入社後ただちに大がかりな百科事典の編集長になるなどということがありうるのかね。たぶんないと思うぜ。そう考え、もしくは考えるのをさぼって、さきの引用にあるとおり、このエッセイで私は「編集長の林達夫」とあっさり断定してしまった。

しかし一方で、ちょっと早まったかな、という感じもあったのであり、いずれきちんとしらべておかねばという負い目のごときものを抱えたまま、でもけっきょくは、なにもしないままに年老いた。ようするにそのなぞが、このたびの『子どもの本のよあけ』という本を読んで、とつぜん解けてしまったのです。

＊

いや解けたというより、そんななぞは最初から存在しなかったとわかった、といったほうが正確かもしれない。私が勉強をなまけたというだけのことで、荒木田さんによると、この子ども百科の実質的な編集長は私であったと、つとに瀬田じしんが明言していたというのだから。

ともあれ、そこにいたるまでのかれの歩みを、荒木田作成の略年譜の力を借りて、ざっと一瞥しておこう。瀬田貞二は一九一六年（大正五年）、東京本郷区（現・文京区）の湯島生まれ。したがって私から見ると、ほぼ父親世代の人だったことになる。開成中学、旧制東京高等学校（日本で最初の七年制高校）をへて、一九三八年に東京帝国大学文学部国文科入学。そして、

一九四一年（二十五歳）　東京帝大卒業。府立第三中学夜間部の教諭となる。

一九四二年（二十六歳）　千葉県国府台陸軍病院の衛生兵に徴集される。

一九四五年（二十九歳）　終戦。第三中学（現・両国高校）に復職する。同年秋に結婚。

一九四六年（三十歳）　中村草田男主宰の句誌『萬緑《ばんりょく》』の編集長となる。

一九四七年（三十一歳）　都立（旧府立）三中を退職。

一九四九年（三十三歳）　平凡社入社。『児童百科事典』編集にたずさわる。


このうち現在の私の関心にそっていうと、かれが敗戦後に復帰した夜間中学をやめて平凡社に入社するあたりのことが、とくに気にかかる。つまり一九四七年から四九年にかけて。年譜では空白のままになっているこの二年間、かれはなにを考え、なにをやっていたのだろうか。

この点については、すでに「民間の知恵を集めて」という瀬田の短い文章があり、二〇〇九年に刊行された『児童文学論』という論集で読むことができる。と同書の編集にあたった荒木田さんが新しい瀬田伝でおしえてくれた。

で、いつもどおり、ただちに近所の図書館に向かう。『児童文学論』は上下二巻の大冊で、「民間の知恵を集めて」はその下巻におさめられていた。それによると、退職後、子どもの文化と暮らしにかかわる専門家になろうと決心した瀬田は、毎日のように国立国会図書館にかよい、そこで、『Compton's Pictured Encyclopedia』というアメリカの子ども向け絵入り百科事典と出会ったらしい。大きな感銘をうけた瀬田は、腰を据えて、この長い伝統をもつコンプトン社の子ども百科の分析にとりかかった。

……〔私は〕その全体のしくみと、項目のたて方、記事の書き方、挿絵のいれ方をノートにとりました。そして、豪華なシャンデリアの下で、私の心に、一つの新しい日本の児童百科事典の構想がくみたてられていきました。(略)そして私の考えたことは、新しい教育には、その埒《らち》の外側に、民間の知識層の大きな総力的な結集がなければ成りたつまいということで、それが新しい企画の理念となり、子どもを引きこんで読ませ楽しませ考えさせようということがその方法となりました。(「民間の知恵を集めて」)

「豪華なシャンデリアの下で」というのは、それまで上野公園にあった帝国図書館が、終戦後、赤坂離宮を仮庁舎に国立国会図書館と名称をかえて再出発したからだ。「緋絨毯の敷かれたルイ様式の広壮な部屋に、アメリカの基本図書」がならんでいた、といった記述もみつかる。私も大学生のころ、なんどかそこにかよったことがある。行くたびにふしぎな気がした。いまにして思うと、まさしくあれは戦後日本を象徴する奇っ怪な光景のひとつであったのだな。

新時代の子どもの教育をささえるのは公的な学校だけではない。フランス革命の端緒にディドロやダランベールの『百科全書』があったごとく、戦後日本のはじまる場所にも「民間の知識層」が自発的に編んだ新しい百科事典があってほしい。それが瀬田の考えた新しいこども百科の「理念」だった。そして、子どもの頭脳に大量の知識をむりやり押し込むのではなく、そこに「子どもを引きこんで読ませ楽しませ考えさせる」のが、その「方法」ということになる。

そして、この宮殿図書館でアメリカの子ども百科をお手本に練りあげられた「理念」と「方法」——すなわち「私の構想」が、おなじころ「平凡社があたためていた計画」とうまく結びついたことで、このプロジェクトが正式に動きだしたと瀬田はいう。平凡社側の「計画」とは、おそらく戦争でなかば休業状態になっていた同社再建のために、下中邦彦（のち二代目社長）や顧問格の社員だった林達夫が推進していた大百科連発計画（『社会科事典』『世界美術全集』『世界大百科事典』など）をさすのだろう。

私は『社会科事典』に四つの少々長い項目をすでに書いていましたから、それが自然の紹介のようになって、昭和二十四年の夏ごろから、『児童百科事典』の具体化が委せられるようになりました。私は、項目選びのかたわら、林達夫さんをはじめとして、宮原〔誠一〕、日高〔六郎〕両氏のほか、波多野完治、国分一太郎、光吉夏弥、原弘、勝見勝などのみなさんを編集委員に加えて、会合を重ね、とうとう昭和二十六（一九五一）年二月に第一巻を出しました。（「民間の知恵を集めて」）

そう、やはり編集長は瀬田だったのである。そして林達夫は編集委員会の委員長。とすれば、かつて私が「編集長の林達夫を中心に、子どものためのあたらしい文章をさがしもとめて、なんども文章教室がひらかれた」（「子ども百科のつくりかた」）と書いたのも、まったくのまちがいだったことになる。

原稿依頼にあたっては、「児童のイマジネーションを掻き立てるような文章で、正確な内容を」伝えてほしいと、編集長の瀬田が執筆者たちにつよく要請した。ところが、できてきた原稿がどれもあまりにひどすぎる。やむなく瀬田は「集まった原稿を編集部の手で全面的にリライトしてしまおう」ときめた。そう荒木田さんが語っている。

こうして研究者や専門家の筆者によって書かれたオリジナル原稿は、決して自分では編集長と名乗らなかったけれども、実質的な編集長であった瀬田先生を中心に、編集部の手で次々にリライトされていくんですが、先生はこのときリライトにあたっていた若い編集者たちを、もう、しごきにしごいたそうです。（『子どもの本のよあけ』）

リライトにあたっては魅力的な導入部を工夫せよ、と瀬田は「原稿部」のスタッフに指示した。そして、リライト稿のすべてに目をとおし、気に入らないものは容赦なく突っ返して、なんども書きなおさせた。すなわち「瀬田教室」のしごき。でも耐えるしかない。なにしろ「瀬田さんが一つの単語、一つのテニヲハを変えただけで、見ちがえるほど文章が活きいきし引きしまってくる」(ある編集部員の弁)のだから。しかも瀬田はじぶんでも多数の項目を書いたから、すべての文章がひとりの人間の書いたもののように見えてしまう。そのため、いつしか内輪で「瀬田節」ということばがはやりはじめたのだとか。

こうしたエピソードに接して、あれ？　と思った。この編集部の空気、かつて私が伝記を書いた花森安治の『暮しの手帖』編集部によく似てるぞ。

瀬田と同様に、花森も若い編集者たちに原稿をなんども書きなおさせた。しごきにしごいて、それでもだめなら、じぶんで徹底的に書きなおす。おかげで『暮しの手帖』の大量の編集部記事が、ことごとく、くせのつよい「花森調」の文体に統一されてしまった。

『暮しの手帖』創刊は一九四八年。そして『児童百科事典』が一九五一年。金も資材もない極度に貧しい時代にあって、すべての面でスキのない美しさと合理性をしつこく求める反時代的な完全主義という点で、じっさい、瀬田の『児童百科事典』と花森の『暮しの手帖』にはよく似たところがあるのだ。

――そうか、やっとわかったよ。遠いむかし、おさない私は、こうした人びとへの共感から編集という仕事に近づいていったのであったか。

＊

話をもとにもどそう。私のおかしたまちがいは、じつは「編集長問題」だけではない。この文章で、さきに私は「子ども百科のつくりかた」という旧稿から、こんなことばを引いている。

……「この百科の」第一巻の冒頭の項目は「愛」だった。ギリシアの壺絵をうつした二色刷りの挿絵が記憶にのこっている。

はじめこれを書いたときも、あとでそれを引用したときも、なんのうたがいも持たずにいたので、荒木田さんの伝記を読んで愕然とした。そこにこんな一行があったからだ。

百科事典の最初の項目は、ふつうなら「愛」という言葉あたりから始まると思うんですが、『児童百科事典』の場合は、〈愛国心〉という言葉から始まっています。

ほんと？　まいったな。でも、そうとわかった以上、知らんぷりはできない。ともあれ、再度、図書館へ。児童書コーナーに『児童百科事典』の現物があるのは確認ずみ。すぐに第一巻をひらく。荒木田さんの証言どおり、たしかに巻頭の項目は「愛国心」になっていた。チェック終了。おいおい、えらそうに、なにが「記憶にのこっている」だよ。

あの「ギリシアの壺絵」にしても、少年だった私は、それを汎ヨーロッパ的な「ちょっと高級な気分」のシンボルとのみ理解していたようだが、とんでもない。あの絵は、軍事国家スパルタの母親が戦場に向かう息子に盾を手わたし、「この盾を持って帰れ、さもなくば乗って帰れ」と告げている光景なのである。「勝利を、しからずんば死を」というわけだ。

それにしても、なぜ瀬田はこの子ども百科を「愛国心」からはじめようと思ったのだろう。答えはさきの略年譜の中にある。陸軍病院の衛生兵だった瀬田をはじめ、スタッフのおおくが、その数年まえに、「勝利を、しからずんば死を」の絶望的な世界から這いでてきたばかりだったからだ。以下、当時の瀬田の評論「戦後の児童文学」(『児童文学論』下巻所収)から引くと、

〔敗戦時〕私は、はっきりと決心した。〔かつて〕夜間中学の教師だった私は、一応職場に帰るだろう。しかし、〔戦争と軍隊から〕解放された機会に私は自らのあらゆる能力と時間を、子どもたちにむかって解放しなくてはならない。これからの時代は、子どもたちに期待するよりないのだから……。私は真剣にそう思った。そして雑嚢《ざつのう》をぶらさげて、焼け果てた東京へ帰った。

これからの日本をつくるのは子どもたちである。かれらに向けて、私の「能力と時間」のすべ

てをささげよう。

その決心が瀬田を、いったんはもどった夜間中学の教室から子ども百科のほうへとみちびいてゆく。だからこそかれは、その最初の項目として「愛国心」をえらんだのである。あの戦争で、日本人のおおくが「じぶんの国だけの利益をもとめるような愛国心、じぶんの国だけのじまんをするような愛国心は、かえって人間を不幸にする」(「愛国心」)と考えるようになった。そのことを子どもたちとともに確認しておきたいと切に願ったのだと思う。

さらに加えて、朝鮮戦争が勃発した一九五〇年に警察予備隊(現・自衛隊)が発足。『児童百科』刊行の翌五二年には、サンフランシスコ講和条約が発効して占領が終わり、いたるところで戦前への回帰が公然ととなえられるようになった。いわゆる「逆コース」である。

戦後の日本人の考え方に早くも揺れが生じはじめた。この逆流に歯止めをかけなければという切迫感もあって、「愛国心」にかぎらず、百科のどの項目も、かならずしも読みやすくはない。でもこれは覚悟の上。第一巻に掲載された「まえがき」(おそらく瀬田の執筆になる)にも、こうしるされている。


『児童百科事典』は、やさしい話から知識へ、身ぢかな事がらから深い道理へ、応用から原理へ、読むことから考えることへの、かけ橋でなければならない。しかし、若い年齢を考えて、わざわざ、「児童のために」書くことは、いずれにせよ明白なあやまりである。児童は、可能性である。事がらの正しさと、高さとは、あつかいかたによって、児童に全的にうけとれるであろう。要は、それを興味あるすじだてによって、明瞭単純なことばで書かれることであり、それは、どんなおとなにとっても通ずる真実である。

未来をになう子どもたちに向けた本だからこそ、猫なで声を排し、とことん本気でやるしかない。そのようにして瀬田が真剣に呼びかけた相手——つまりかれのいう「可能性としての児童」とは、いま人生も終わり近くなって思うと、ほかならぬ私のことだったのである。

そしてその私はといえば、かれらが書く文章をまじめに読んで考えるよりも、子ども百科をある種のテーマパークと見なして楽しく遊んでばかりいた。結果として私は瀬田やその仲間たちが夢みた「未来の子ども」にはなれなかった。どうやらそうなることに失敗したみたい。いやはや、もうしわけありませんでしたね。

荒木田隆子『子どもの本のよあけ——瀬田貞二伝』福音館書店、二〇一七年
『児童百科事典』平凡社、一九五一〜五六年
津野海太郎『小さなメディアの必要』晶文社、一九八一年
瀬田貞二『児童文学論——瀬田貞二 子どもの本評論集（下）』福音館書店、二〇〇九年

4　目のよわり

たしか内田樹だったと思うが、何年かまえ、ある壮年の知識人が、齢をとるにつれて「本を読む人間としてのじぶんがだんだん落ち目になっていく」と新聞かなにかで嘆いていた。のっけから心もとない紹介になってしまったが、とにかくそれを読み、

――落ち目の読書人ね。フフフ、いまのおれがまさにそれよ。

笑ってそう思ったウブな七十翁は、もはやどこにもいない。なにせ内田さん（もしそうだったとして）は私の十二歳下。そのくらいの年齢なら「だんだん」ですむだろうが、いまの私は早くも八十歳越え寸前。だんだんどころか、この数年間で落ち目のいきおいが本格化し、そのため日々の読書にさまざまな不都合が群れをなして押し寄せている。

――たとえば？

――いろいろあるけど、まずは目のよわりかな。

――ははア、「落ち目」の目ですか。

――まさしくね。

宮田昇『図書館に通う
――当世「公立無料貸本屋」事情』
みすず書房

近年、むかしの岩波文庫や新潮文庫のような、小さな活字をぎっしり詰めこんだ本がうまく読めなくなった。創元推理文庫やハヤカワ・ミステリ文庫の古いものもおなじ。若いころに読んだチェスタートンの「ブラウン神父もの」や泡坂妻夫の「亜愛一郎シリーズ」を再読しようと図書館から借りてきたはいいが、どれも活字が小さすぎて読めない。まったく読めないわけではないけれども、むりして読んでいるという不快感がつきまとう。それがしんどい。

おまけに、もう何十人もの人が手にしたものだから、どの本も相応に汚れている。公立図書館が所蔵する古い小説本の惨状については、すでに宮田昇が『図書館に通う』という本でふれているので、その一節を引用させてもらうと、

背が大きく傾いていることだけならまだしものこと、それらを借りてまずおどろかせられたのは、時には手にとるのもはばかられるほど汚れているものがあったことである。さらに読みはじめてみると、しみはいたるところで見受けられ、頁の折れじわ、破れもめずらしくはない。ものによっては書き込みさえある。資料として借りた本には、この市の図書館のものにも汚損はないから、これらはエンターテインメントの本に共通と見てよい。

宮田さんは私より十歳上の、戦後日本における海外著作権エイジェントの草分けともいうべき人物である。そのまえは早川書房の編集者でもあった。そんな人が引退後、それまでいそがしくて読めなかったエンタメ系の現代小説を読もうと、近所の図書館に足をはこんだ。そのさいの感

想がこれ。

どこの図書館でも、この種の新刊は予約者が何十人、ときには何百人も溜まっている（私の住む市の図書館では直木賞受賞作など軽く一千人をこえる）ので、借りるまで何か月もかかる。一年や二年、それ以上待たされることだってまれではない。ようやく順番がきても、そのときはもう「手にとるのもはばかられる」ような状態になっている。そんな事情もあって宮田さんは、すでに文庫化されているものはそれを買うようにしたのだとか。

汚れた本は私もいやだから、それもひとつの手だとは思う。ただし文庫化までには、けっこう時間がかかるからね。平均して三年ぐらい？　五年？　いずれにせよ私の年齢から見て、読みたい本の文庫化を待ちながら、むなしくこの世を去ってゆく可能性はきわめて大であろう。

そんなしだいで私は宮田方式を採用せず、ミステリーも時代小説も、しつこく図書館の古本に頼ることにした。新刊やそれに類するものは原則としてあきらめ、借りる本をおもに一時代まえの文庫本（チェスタートンや泡坂妻夫がその一例）にかぎってしまったのだ。

いまはそれに書店で見つけた市販の布カバーをかけて読んでいる。布カバーなんて、遠いむかし、ガールフレンドがつくってくれたやつで花田清輝の『アヴァンギャルド芸術』をくるんで持ち歩いた記憶がかすかにあるだけ。そのぶん重くなるのが老人には難だが、汚さや情けなさはとりあえず半減する。それだけでもありがたい。

だから汚いのはまだいいのですよ。さきにのべたごとく老人読書にとっての最大の障害は小さな活字。しかも小説は、たいていは寝ながらベッド脇のＬＥＤランプの光で読むから、なおのことうっとうしい。のこり短い読書生活なのに、こんな思いをさせられるのはごめん。と思っているうちに、いつしか小さな活字の本は新旧を問わず反射的に敬遠してしまうようになった。

ミステリーや時代小説にかぎらず、若いころ読みそこねた「かたい本」も、できればなんとか読んでおきたい。そういう本が私にも何点かある。たとえばアレクサンドル・ゲルツェンの『過去と思索』といった本――。

この旧ロシア帝国の貴族の息子で先駆的な社会主義思想家の自伝は、妻の蔵書のなかに一九六四年にでた筑摩世界文学大系の二巻本がある。いつかそれで読もうと思っていたが、なにしろ細かな活字のA５判三段組みで、しかも一巻あたり五百ページもあるから、なかなかその気になれない。向かっ腹を立てて、

「むかしの編集者はいったいなにを考えておったのか！」

思わずそう怒鳴りそうになる。

でも考えてみれば私自身が「むかしの編集者」で、かつては、小さな活字をぎちぎちに詰めこんだ分厚い本を平気でつくっていたのだからなァ。

そのいい例が一九七〇年代後半にだした晶文社版『長谷川四郎全集』全十六巻で、これがやはりそうしたつくりの本だった。なのに当時の私はといえば、いまはまだその余裕がないが、いずれ本好きの一退職老人としてゆっくり読ませてもらおうと、気楽な空想をたのしんでいたのだ。そしていざそのときがきたら、私の両の目から気持ちよく本を読む力が失われていた。ハッハ、こんな未来が待ちかまえているなんて、考えたこともなかったよ。

『ワンダーランド』創刊号表紙、1973年8月。
頁は誌名変更した『宝島』1973年11月、
片岡義男の小説「ロンサム・カウボーイ」。
いずれもＡＤ平野甲賀／晶文社

＊

そこで思いだすのが、一九七三年に「植草甚一責任編集」という看板をかかげて、片岡義男や高平哲郎たちと創刊した『ワンダーランド』（のち『宝島』と改名）という雑誌のことである。このときは、その三年まえに創刊された『an・an』のような中綴じ大判雑誌の本文テキストを、デザイナーの平野甲賀と相談して、新聞用の小さな一倍活字で組むことにした。ふつうの活字や写植文字よりも、そっちのほうがぜったいにかっこういいと考えたのだ。

そしてできあがったのがこんな雑誌――といっても現物が手元にないので、以前、本の雑誌社からだした『おかしな時代』というじぶんの本から引用すると、

タブロイドのタテをすこしちぢめ、ヨコに大きくひろげたAB判。そこに新聞活字で本文を組む。そのころ新聞でつかわれていた文字はきわめて小さかった。いまはずっと大きくなっている。面積でいえば二倍はあるだろう。その小さな活字を一行30字×54行×4段で組む。したがって、一ページに六四八〇字、四百字づめ原稿用紙にして十六枚。三十枚の短篇小説が見開き二ページにぴたりとおさまる勘定になる。

すくなくともこの段階では、よし、うまくいったぞ、さながらアメリカのロック・カルチャー新聞だね、と当年とって三十五歳の私は大いに悦に入っていたはずだ。

しかしその一方で、まったく考えていなかったこともあった。すなわち、こんなに小さな字の雑誌が楽々と読めるのはつよい視力をもった若い連中しかいない、せいぜいわれわれあたりが上限だろう、という身もふたもない現実がそれ。あえて見ないふりをしていたのではない。若い「目の力」をもってしても見えないものがある。そのことに気がついていなかっただけ。

では、いったい、いつ私はそのことに気づいたのだろうか。

思いがけず、ついさっき、その「いつ」を特定できる証拠にぶつかった。それもなんと、忘れた過去を思いだすべくパラパラとめくった旧著『おかしな時代』の、しかも、たったいま引用した箇所のすぐあとのところで。

それによると、『ワンダーランド』発足の十年ほどのち、新井敏記の編集で『SWITCH』というインタビュー雑誌が創刊されたさい、書店でそれを手にした私は、「せっかくおもしろそうなのに本文活字が小さすぎて、とても読む気になれない。なんでこんなに小さな活字をつかうんだよ」と、かなりいらいらさせられたらしい。と同時に、おのれの過去の所行（一倍の新聞活字！）をハッと思いだし、「いやいや、おれには腹を立てる資格なんかないぞ」と、はじめて深く反省したようなのである。

いましらべたら『SWITCH』は一九八五年創刊。私は四十代後半で、老眼がかなりすすんでいた。しかし『ワンダーランド』をだしたころの私はまだ三十代で、この世に老眼の人間がいるなどということはこれっぽちもかんがえず、『SWITCH』よりも小さな活字で平然と本文を組んでいた。それが若者限定、「四十代以上の人おことわり」の信号になるとは想像もしていなかったのだ。まあ、かっこうはいいけど、でも、あれじゃあな。雑誌が売れなかったわけだよ。

ようするに私は、この稿のはじめにのべたのとそっくりおなじことを、すでに十年ほどまえに書いていたのだ。それを忘れていたということ自体が、じつは老いが私にもたらした最大の問題のひとつなのだが、それはさておき、こうして見ると、小さな活字に私を排除する闇の意図を感じるようになったのは、どうやら四十代後半のできごとだったらしいことがわかる。

念のため、この間に生じたことをあらためて整理しておくと、

一九七三年（三十五歳）『ワンダーランド』創刊。活字を小さくすることで雑誌の読者層が限定されてしまうなどとは考えてもいなかった。

一九七六年（三十八歳）『長谷川四郎全集』刊行時もおなじ。

一九八五年（四十七歳）新雑誌『SWITCH』の印刷文字が小さすぎると腹を立てた。


で、この十年間になにが私に起こったのか。いうまでもない。さきの引用にもあるとおり、いよいよ老眼がはじまったのである。

すでに四十代にはいったころから、辞書や本文中のフリガナがぼやけて読みにくくなっていた。そうなげいていうと、年長の友人に「老眼だね」と冷たく引導をわたされ、おそわったとおり、駅前の本屋に走って安物の読書用メガネを購入した。『SWITCH』にいらいらさせられたのも、そんな老眼の初期段階においてだったのだ。

でもこの段階なら簡単な読書用メガネがあればなんとかなる。あとは老眼の進行につれてメガネの強度をあげていけばいいだろう。そう考えてこまめにメガネを買いかえ、二十年ほどたった

ら、とうとうそれだけでは対応しきれなくなった。それが六十代のなかばごろだったろうか。以後は年老いた幸田露伴と同様に、老眼用メガネに加えて拡大鏡を手元にそなえるようになった。露伴はカール・ツァイスだったが、私もおなじくドイツ製の大型拡大鏡。でも辞書やフリガナだけならともかく、ずっしり重い拡大鏡を手に一冊の本を読みとおすのは、なかなか楽ではない。露伴翁は早々にあきらめたらしい。とうぜん私も。かといってかれのように有能な助手をやとうわけにもいかんし、さて、どうしたものだろうか。

＊

けっきょく問題は、往年の私がそうだったように、現場で本をつくる編集者のほとんどが、小さな活字の本は老人には読めない、読めてもきわめて読みにくい、という現実に気づいていないことにあるのだ。そのため小さな活字を詰めこんだ本を平気で市場に送りだしてしまう。

前世紀も終わり近くなって、戦前戦後の古い岩波文庫本の「リクエスト復刊」がさかんに行われるようになった。いい傾向だと私も思いますよ。

ただね、復刊といっても古い活字本をオフセットで複写しただけのものだから、たいへん読みにくい。最近でたものにかぎっても、『花屋日記――芭蕉臨終記』、若松賤子《しずこ》訳『小公子』、チェーホフ『妻への手紙』、金素雲『朝鮮民謡選』、渡辺一夫訳『ピエール・パトラン先生』など、気にかかる本が何冊もある。でもこの活字組みのままでは、とうてい読めそうにない。そう考えて買うのをやめた高齢者が、私以外にも、おおぜいいるにちがいない。じっさいには、この人びとこそが「リクエスト復刊」の中心的な読者であるはずなのにね。

と日ごろ、そんな小活字へのうらみが頭にあったので、先日、用件があって神楽坂の日本出版クラブ会館で永江朗（私の二十歳下）と顔をあわせたさい、「まいったよ。あなたはまだ大丈夫だろうけどさ」とグチをこぼすと、

「そんなことないですよ。ぼくだっておなじ」という答えがもどってきた。

「じゃあ、いつも、どうしてるの？」

「たとえば電子書籍とか」

「ふうん。なんで読むんだい？　Kindle（キンドル）？」

「そう。寝るときベッドに持ち込んでね。活字の大きさも好きに変えられるし」

Kindleというのは、いわずと知れたアマゾンが二〇〇七年に売りだした電子本リーダー（読書用の小型端末）で、暗いなかでも楽に本が読める。永江さんは通常、それで「青空文庫」を読んでいるらしい。Kindleどころか、近ごろは「電車を待っているときとか、待ち合わせしている相手がなかなか来ないときなんかに、iPhoneで青空文庫を読んでいる」（『本を読むということ』）のだとか。


永江さんにかぎらない。過日、『切腹考』という長編エッセイ（ユニークな森鷗外論でもある）を読んでいて、著者の伊藤比呂美さんがアメリカの自宅で、やはり青空文庫をたよりにこの本を

書いたことを知った。
外国生活で、本が自由に手に入らない。鷗外は「青空文庫」によく入っていて、そこで読むことが多かった。Kindleなんかなかった頃である。青空文庫は横書で表示されるから読みにくくて、それを全文コピペして、Wordに移して縦書にして読んだ。（略）鷗外先生は、常用漢字でない漢字も躊躇《ちゅうちょ》なく使う。ときにはそれがWordに出ない。それをいちいち検索して探し出したり、鷗外先生に無断でひらがなにひらいたりもした。それから、わたしはやっぱり戦後の教育を受けているので、現代かな遣いの方が心に沁み入る。それで、鷗外先生に無断で、旧かなのときは現かなに直した。

念のためにいえば、Kindleなどの専用リーダーをつかえば、青空文庫でもなんでも自動的にタテ組み表示してくれる。私も発売後しばらくつかってみたことがある。その後、二〇一六年にだした『読書と日本人』という本の準備をしていたときも、与謝野晶子訳『源氏物語』から寺田寅彦や三木清の読書論まで、原勝郎の『東山時代における一縉紳《しんしん》の生活』などもふくめて、なんどかKindleと青空文庫のお世話になった。

ただし、とりあえず資料として利用させてもらったというだけの話で、紙の本とおなじ高密度の読書ができたわけではない。それに電子本といっても、どうせ市販のものの大半はマンガだろうという思い込みもあって、しばらく電子本から遠ざかっていたのだが、こんど永江さんの話をきいて、あらためて視点をかえてためしてみようかと思い立った。

視点をかえてというのは、永江さんのいうように、ほんとうに電子本は「目のよわり」になやむ老読書人にとっての新しい杖になってくれるのかどうか、とにかくじぶんで確認してみようと考えたというほどの意味です。

そこでまず、さきにあげた「ブラウン神父もの」と「亜愛一郎シリーズ」、それにゲルツェンの『過去と思索』を材料に、古い本の電子化がどのていどすすんでいるかをしらべてみた。その結果、ざっと以下のようなことがわかった。
○チェスタートンの「ブラウン神父もの」――青空文庫に直木三十五訳の選集がある。無料。創元推理文庫版（中村保男訳、六四〇円、税込・以下同）もハヤカワ・ミステリ文庫版（田口俊樹訳、八二一円）も、すでに電子版がでていて、どちらも紙版よりほんのすこし安い。ほかにKindle版（それぞれ橋口稔、橋本福夫、村崎敏郎訳、三二四円）もある。
○泡坂妻夫「亜愛一郎シリーズ」――創元推理文庫版と角川文庫版があり、これらも電子版がでている。定価は五〇〇円ほど。やはり紙版よりちょっと安い。
○アレクサンドル・ゲルツェン『過去と思索』――筑摩世界文学大系版のほかに、同書房の単行本（全三巻）と日本評論社の世界古典文庫版（全三巻）があるが、ざんねんながら電子本はない。ただしおなじ著者の『向こう岸から』が平凡社ライブラリーにおさめられており、そちらは電子化ずみ。紙版とおなじ一四〇〇円。

これだけ見ても予想以上に電子化がすすんでいるのはたしかなようだ。マンガが圧倒的多数をしめるという実情こそ変わらないが、それでも最近は出版各社も硬軟の別なく積極的に電子本をだすようになり、市場に蓄積された「かたい本」の量もしだいに充実しつつあるらしい。

いまのところ、何点かの「見本」をのぞいてみただけだが、とにかく文字の大きさを自在に調整できるというのは五千年におよぶ本の歴史ではじめての事態だからね。それだけでも、毎日のように小さな印刷文字と苦闘している老人たちにとっての画期的な発明であることはまちがいない。もちろん不満な点はまだ多々ある。永江さんとちがって、残り時間のすくなくなった私のような人間が、どこまで本気でつきあえるかはまったくわからない。ヒマを見て、いつかためしてみよう。なにかわかったら、その報告はいずれまた。

宮田昇『図書館に通う――当世「公立無料貸本屋」事情』みすず書房、二〇一三年
アレクサンドル・ゲルツェン『過去と思索』(全三巻)金子幸彦訳、筑摩世界文学大系、一九六四、六六年
津野海太郎『おかしな時代――『ワンダーランド』と黒テントへの日々』本の雑誌社、二〇〇八年
『長谷川四郎全集』晶文社、一九七六～七八年
永江朗『本を読むということ――自分が変わる読書術』河出文庫、二〇一五年
伊藤比呂美『切腹考』文藝春秋、二〇一七年

5　記憶力のおとろえを笑う

前章で、いまの私はまごうかたなき「落ち目の読書人」だとのべた。ひとつには「目のよわり」のせいだが、かならずしもそれだけではない、ほかにもさまざまな原因がある、うんぬん。今回はそのつづきです。

ほかにもある原因のうちで、おそらくもっとも大きいのが記憶力のおとろえでしょうな。読んだことを忘れる速度が、おそろしいテンポですすんでいること。私とかぎらず、おおくの老読書人がおなじように感じている。たとえば、この夏（二〇一七年七月）にでた古井由吉の『楽天の日々』というエッセイ集のこんな一節——。

読んだ事をよく覚え、これを記憶の内に整え、機に臨んで適確に取り出す。これが読書家の資格であるとすれば、私は読書家の列に入らない。読んだところから、じつによく、忘れるのだ。本を閉じたとたんに、ということもある。後日になり、ふっと思い出しかけて、確

古井由吉『楽天の日々』
キノブックス

めようとして本を開けば、たいていその箇所にかぎって見あたらない。

読んだ事に感嘆させられるほどに、後で綺麗に忘れる、という気味すらある。三読四読して長大息までしていたのに、机の前から立って十歩と行かぬうちに、はて、何のことだったか、と首をひねっている。（「招魂としての読書」）


古井さんは私のひとつ年上で、このエッセイを書いたのが二〇〇九年だから、この年七十二歳。しかし、それ以前に大きな病気をなんどか経験しているので、老いや死をつよく意識するようになったのは私よりもいくらか早かったようだ。

私とのちがいがさらにもうひとつ。

もともと古井さんは、学者となるべくじぶんを鍛えてきた折り目ただしい「読書家」なので、どんなに年をとっても私のようなしまりのない暮らしにはならない。おなじ文章によると、一日の時間をきちんと区切って、毎日、その枠のなかで内外の古典を読みつづけているのだとか。すなわち、午前中に一時間ほど散歩。昼食後、日が暮れるまで「書き仕事」にはげみ、ふたたび散歩。帰宅後、夕食と晩酌。そして「一時間ばかり眠って起き出してから、夜半を回るまでが、本を読む時間になる」——。

するとそんな夜の時間に、古井さんは、いったいどんな本を読んでいるのだろうか。

いまもいったとおり中心には内外の古典があるようです。同書所収の「病みあがりのおさらい」という文章によると、二〇一二年に病いを得て入院。帰宅後に読んだのが島崎藤村の『夜明け前』だったとのこと。ついで室町期の連歌集。病後一年たって、ようやく「横文字」の読書を再開する。このとき読んだのがホーフマンスタールの「ルツィドール」という短篇小説で、ちなみに別の文章には、中世連歌、とくに心敬の句集読解は「年に一度はこれをやる」とあった。

この別の文章「夜の楽しみ」によると、かつて古井さんは、三十歳前後のドイツ語教師の仲間たちとラテン語の勉強をしていたことがあるらしい。それから半世紀がたち、ある日、当時つかった初等文法書が書棚の片隅に押しこまれているのを見つけて、「これも気まぐれか。あるいは八十のほうに近い年齢を考えれば、向う見ずと言うべきか」——かつては半分ほどで挫折した「お稽古」を、こんどはひとりでやりなおすことにした。

よしなさい、およしなさい、いまさらそんな御苦労なことをしてもあの世まで持って行けるわけでなし、と内で制する声がしきりにしたが、翌日の晩には第一章から始めた。（略）昼には小説、夜には「死語」の文法と、頭の切り換えにはよいのではないかと思われた。牛歩である。それはもとより承知の上のことなので、先を急がずにいた。いずれ道草のようなものだ。いつでも放り出せる。（略）還暦を過ぎてからギリシャ語のおさらいを、これは根を詰めてやった。あの時と較べて、やはり違うな、とうなずいては悦に入る。まるっきりの初心でもなく、やはり年の功はあるもので、呑みこみは早い。ところが、それがいけない。分かりが早いその分だけ、覚えが悪い。習ったことを、何章か先へ行くと、もう忘れている。これでは笊で水を掬うようなものだ。

ことわるまでもなく私は古典語の学習やそれに類することはしていない。難解な中世連歌をコツコツ読みとくといった綿密な読書からも、とうに見放されてしまった。したがって一老人としての私の読書が古井さんのそれにかさなる面は、ほとんどないにひとしい。

にもかかわらず私はこの一節を大いに共感して読んだ。

——身についた読書スタイルこそちがうが、長い時間をへて、古井さんも私も、どうやらおなじ岸辺にたどりついたみたい。

そう感じて愉快になったのです。

ざっといって、おなじ点はふたつ。読んだことをすぐ忘れてしまう。あっけにとられるほど苛酷な記憶力のおとろえ。まずそれがおなじ。そしてもうひとつが、「先もないのに、そんなに本ばかり読んでどうするの」という内心の声を、しばしば感度よく聴きつけてしまうこと。

小説なら硬軟を問わず、つまらないと思ったらその場で読むのをやめるし、おもしろければ最後まで読み、たのしませてもらったことに感謝する。したがって、この種の内心の声——「いまさらそんな御苦労なことをしてもあの世まで持って行けるわけでなし」と古井さんのいう「内で制する声」をきくのは、おもに新しい知識を得たり、じぶんの考えをいくらかなりとも深めるための、どちらかといえば、ちょっと硬めの読書の最中ということになる。

年をとるにつれて小説（フィクション）を楽しむ力が失われ、それにつれて、いつしか歴史や伝記や回想録や日記などを好んで読むようになった。

ラテン語文法とまではいわずとも、私の分類でいえば、どれも「ちょっと硬めの読書」に属する広い意味での勉強の本である。そして勉強であるからには、よかれあしかれ、「来たるべき未来のために」というかすかな方向性をはらんでしまう。そのぶん「なにをいまさら」という内心の声をきく機会も増えてこざるをえないのですよ。

念のために付け加えると、「ちょっと硬め」はＯＫなのだが、「うんと硬め」の、ゴリゴリの理論書などはまえもって敬遠させてもらう。ついこの間までは、やっかいな哲学や宗教の本でも平気で読んでいたのに、いつのまにかそうなった。なぜかな。いまや「落ち目の読書人」と化したじぶんに落胆し、哲学も宗教も、くやしまぎれにフィクション（つくり話）の方に追いやってしまったのかしら。

＊

記憶力のおとろえに泡を食った老人が、反射的にそれを、よわった脳のせいにしてしまう。しかし最先端の脳科学者諸氏が説くところによると、加齢につれて脳の力がよわるというのは、かならずしも正確な認識ではないらしい。

ときくと、

――へえ、そうなの。

いちおうはそう思う。でも完全には説得されない。

もちろん脳と記憶力のかかわりについて、脳を専門領域とする研究者の方々が、そんなふうに考えるのはかまわないのですよ。でも老人はちがうからね。老人にとっては、脳科学がどうこうよりも、現下の記憶力のモーレツなおとろえのほうが、はるかに大きな問題なのです。

一日になんども記憶力のおとろえに愕然とし、そのたびに、じぶんの干からびた脳のイメージを思い浮かべる。その干からび具合を嘆きながらも、「とうとうあんたもここまできたか」と、そうなったじぶんをなかば慶賀して笑う。そうやって嘆きをなんとか娯楽に変える。それが老人――というだけの話で、もとより脳に全責任を負わせるつもりなど、あろうわけがない。

しかし、それはそれとして、もし脳のせいでないとしたら、私たちの記憶力のかくもはげしいおとろえは、いったい、なんのせいなのだろう。

もちろん老人の脳に明滅する「干からびた脳」の雑なイメージだけでこの問いに答えるのはむり。そこで本棚から『記憶力を強くする』という古い講談社ブルーバックスをみつけてきた。この本を私は二〇〇一年に刊行されてしばらくのち、六十歳代のはじめごろに読み、たのしみながら脳科学の新しい知見をおしえてもらえる「いい本」だと思った。その記憶があったので、もういちど読んでみようかと思い立ったのです。

著者は池谷《いけがや》裕二――脳のうちでも「海馬」を専門領域とする脳科学者で、いまは東大大学院の薬学系研究科教授だが、当時はまだ若い助手だった。海馬というのは、大脳の側頭葉と呼ばれる場所のすぐ裏側、左右ふたつの耳の奥に位置しているごく小さな器官で、池谷さんが「記憶の司令塔」とよぶごとく、私たちの記憶のしくみにとってのカナメの役割をはたしている。そういうことも、この本ではじめて知ったような気がする。
いや、それだけではないか。さきにふれた「加齢につれて脳の力がよわるというのは、かならずしも正確な認識ではない」という見解も、もしかしたら、この本を読んではじめて知ったのかもしれない。そう思って読みすすむと、案の定、こんな記述にぶつかった。

歳をとると、しばしばものごとに対する情熱が薄れてきます。ひとつのことに熱中できなくなります。感動もうすくなってきます。すると、記憶力はてきめんに低下します。じつは、歳をとって記憶力が落ちたように錯覚してしまう最大の原因はここにあるのです。感動できない大人になっているのです。生きることに慣れてしまっているのです。それではいけません。常に環境の刺激に対して敏感になり、海馬にθリズムを作るだけの緊張感を保ち続けなければ記憶力は増強しません。

よく知られているα波やβ波のほかに、なにか興味をもって見たり聞いたりしたときに海馬が発するθ（シータ）波という脳波があり、一秒間に五回ほどの周波数（五ヘルツ）でリズムを打つ。そのリズムを「θリズム」と呼ぶのだそうな。
私たちが見たり、聞いたり、触ったり、嗅いだりして得た情報は、まず側頭葉に、ついで隣接する海馬に送られる。そして海馬は、それらの情報を切ったり捨てたり「適切な形」にととのえた上で、一か月ほどのちに側頭葉に送りもどし、そこに長期記憶として保存される。つまり海馬とは私たちの「記憶の司令塔」なのだと池谷はいう。

大づかみにいってしまえば、この記憶のしくみが起動するには、私たちがなにかにつよい興味をいだき、熱中したり感動したりする必要があるらしい。その刺激で海馬にθ波が発生し、それが私たちの記憶システムを動かすエンジンになる。それゆえに、そうした興味や熱中や感動の度合いが薄れた老人の記憶力は、しだいに低下してゆくほかない。

――と、ここまでは私もそれなりに理解できるのですよ。

ただ気になるのが、そのさきで、こうした記憶力の低下をふせぐには、まずは無感動状態に慣らされた老人が、その慣れから抜けだして、海馬にθ波を発生させるだけの「緊張感」をおびた環境をよみがえらせるべく「努力」しなければならない、それをしないのはあなた方の「生きることへの慣れ」のせいなのだと、つよい調子でいいきってしまうところ。

おなじようなつよい口調が、べつの章での「人は『歳のせいで覚えが悪い』と嘆きます。この嘆きはたいへんな間違いで、私から見れば、そういう人は単なる努力不足であるように思います」という記述などでも繰りかえされる。

ただし、ここまで私は「老人」と書いてきたが、正確にいうと池谷氏は「老人」ではなく、たいていは「大人」と書いている。この本を書いたとき、かれは三十一歳。その青年の視座から見た「歳のせいで覚えが悪い」となげく「感動できない大人」とは、老人というよりも、おそらくは最後にたどりつく老人をもふくめての広い意味での大人を漠然とさしていたのだろう。

ところが、あいにく私は老人なので、ついそれをじぶんの側に引きよせて読んでしまう。そして、その老人の視座から見ると、ここでの、記憶力のおとろえに「努力」や「努力不足」といったコトバで対そうとする姿勢そのものが、どこか奇妙に思えてしまう。脳科学的には正しいのかもしれない。でも老人にせよ大人にせよ、その正しさを現実に生きる人間に適用するしかたが、すこしストレートすぎるんじゃないかな。

若者や壮年とちがって、老人の日常には「努力」の引き金となるような野心や欲望――「ねばならない」の責任感や「よし、やったぞ」という達成感によってきざまれる、つよいリズムは存在しない。むしろ心身ともにそのリズムで生きることがむずかしくなって、はじめて人は老人になるといったほうがいいくらい。

ありていにいってしまえば、老人が生きているのは「三読四読して長大息までしていたのに、机の前から立って十歩と行かぬうちに、はて、何のことだったたか、と首をひねっている」と古井由吉がいうような、思わず笑っちゃうしかないような滑稽な環境においてなのです。

いくら「努力せよ」といわれても、「では」といきおいこんでラッパに吹き込んだ息が、そのまま音もなく尻から抜けでてしまう。

その種のむなしさは、私も、壮年と老年とのあいだでふらふら揺れる六十代をへて、ようやく本格的な老人になった七十代前半の、なんとか老化と折り合いをつけようとする切ない「努力」をつうじて、いやというほど味わった。その結果わかったのは、どうやら老人には「努力」という処方は通用しないらしいということ。くわしくは以前だした『百歳までの読書術』という本に書いたので、よければそちらをお読みください。

＊

ここ半月ほど、のろのろ読んでいるメイ・サートンの『82歳の日記』という本の冒頭ちかくに、こんな一節があった。ほかの老人たちと同様に、この老文人も、じぶんの記憶力のおとろえにさんざん悩まされていたらしい。「わたしは、新たな詩の創作にくよくよして、眠れない。ばかなわたし」などとあって——。

わたしはいまほんとうの老齢期に踏み込みつつあって、その移りゆく困難なときに、この日記を書きはじめている。七五歳のころはもっといろんなことができたと思う。ところが、ものの置き場所を忘れ、友人たちの名前、花の名前すら（先日は金盞花《きんせんか》が思い出せなかった）忘れ、真夜中にここに書こうと思いついたことを忘れ——たくさんのことを忘れて、ときに混乱におちいり、わたしは衰えていく。シャツのボタンをかけるという小さなことから、どのようにしてあと数篇の詩を書くかという大きなことまで、きりのない煩わしさをどうこなしていくか。それがいまのわたしの問題。

一九九〇年代の前半に、みすず書房から『独り居の日記』と『今かくあれども』という二冊の翻訳書が刊行され、それを読んで私は、二十世紀のアメリカにメイ・サートンというすぐれた詩人・小説家がいたことを、はじめて知った。とくに後者――『今かくあれども』という日記形式の小説に、ただならぬ印象をうけた。そんな記憶がいまにのこっている。

かつて高校で数学をおしえていた七十六歳の女性カーロが、兄夫婦によって、むりやり私設の老人ホームに送り込まれる。その年老いた中流インテリ女性を、ホームの女性管理者が執拗に痛めつける。孤独な老女の最後の誇り（「この地獄で、私はまっとうな人間として生きる」）を的確に剝ぎとってゆく心理的ないじめのいちいちが、じつにおそろしかった。

――まいったね、こっちだって遠からずよぼよぼのインテリ老人になるんだぜ。

と、そのころ五十代だった私は、息をつめ、はんぶんふるえながら、この小説を読んだ。しかもおそろしいことに、そとからのいじめや暴力にとどまらない。そんな地上の地獄のまっただなかで、カーロは「まっとうな人間」であるはずのじぶんのうちに、あろうことか、もうひとつの地獄を発見してしまう。

かつて兄夫婦と暮らしていたころ、彼女は教養にとぼしい義姉をのけものにして、兄と二人だけの知的な会話をたのしんだ。それも傷ついた義姉の憎しみの視線を十分に意識しながら。ことほどさように私はいやな女だったのよ。よじれた自尊心と偏見。それが私のもうひとつの地獄。だから「いま私が罰を受けているとしたら、当然の報い」――。

思うに、この小説がアメリカで出版された一九七三年、まだ六十一歳だったサートンは、カーロに未来のありうる「私」をかさねて、きっとこんなふうに考えたのだろう。

――私の老年にこんな地獄を招来したくなければ、いやな私の変革をもふくめて、できるかぎり早く、そのための準備をはじめたほうがいい。

そしてその結果、彼女は、いなかの一軒家での長いひとり暮らしをはじめることになった。その最初の一年間の記録を、『今かくあれども』とおなじ一九七三年に『独り居の日記』として刊行。それからの四十年をこえる歳月のあいだに、続篇として、みすず書房版だけでも五点(もとのアメリカ版はもっとあるらしい)の日記が刊行された。その最後の一冊が、いま私が読んでいる『82歳の日記』なのです。

では、それからの「独り居」の日常で、はたして彼女は、じぶんの悪夢をぶじに消し去ることができたのだろうか。

メイン州ヨークの海辺にある住み心地のいい家、就寝まえの三十分の読書、音楽、小旅行、庭いじり、愛猫とのつきあい、そして、老いてますますさかんな「書くこと」への情熱——一見したかぎりでは、あの地獄が彼女の暮らしにはいりこむ機会は、ほとんどなかったように思える。

しかし実際には、老人の日常を重苦しい影がチラッとよぎるようなことも、けっこうよくあったようなのだ。いいことやたのしいことだけでなく、それらのマイナスの体験をも、サートンはかくすことなく日記に書きとめている。

たとえば——。

彼女はじぶんを、まず第一に詩人と考えていたらしい。第二に小説家。そして第三に日記作家。ところが日記作家としての人気にくらべて、かんじんの詩の評判がパッとしない。この春も、せっかく苦心して「全詩集」をだしたのに、いくら待っても書評がでない。私は正当に評価されていない、そういえばむかしからそうだった、という怒りと焦りがつのる――。

とはいうものの、「落ち込む」とか「暗鬱な気分」とか、しょっちゅう口にするわりには、そう語る口調はさして暗くない。むしろ明るい。それは彼女の率直さがうみだした明るさで、おそらくそれが、彼女を、忠誠度の高い、かずおおくの愛読者をもつ日記作家にしたのだろう。

おなじ率直な明るさが読者だけでなく、老若の女性の友人たちをも引きつけ、たえず手紙を交換し、なにかあれば、そのうちのだれかが手助けにきてくれる、というような暮らしのしくみが、長い時間のなかで、いつともなくできあがっていたらしい。

メイ・サートン『82歳の日記』
中村輝子訳、みすず書房

ある秋の日、彼女より十歳下の、もう二度と会うことはないだろうと思っていた友人の作家が、夫とともに、まるで「奇跡」のように彼女の家を訪ねてくれた。どんな内輪の冗談でも、すぐあいてと共有できる。なんの気づかいもいらない。そんな親密な会話のよろこびをしるした一節です。

しかしわたしたちは、いつものように自分たちの記憶が欠落していくおそろしさを笑っている。ふたりに会う前に、贈呈本にサインしようとして、瞬間、記憶が真っ白になってしまった。なんという名前だっけ？　会えばこんなことも笑えるけれど。彼らももの忘れの話を披露する。（略）いま、「かれらには」かわいくてたまらない子猫が一匹いる。だからふたりはランチのあと、もう一日はとても留守にできないと言って帰った。もちろん、猫の名前は忘れたけれど甘やかされているのはたしかだ。

しばしばとはいわずとも、老人の暮らしにも、ときにこうした至福の時間がおとずれる。会話のなかみが、ともすれば、じぶんたちの「もの忘れの話」のほうへ流れてゆく。そうなること自体がたのしい。笑える。つまりはそういうこと。さきほど私は「記憶力のおとろえへの嘆きを娯楽に変える」と書いた。あのとき思い浮かべていたのが、ほかならぬこの光景だったのです。

訳者（中村輝子）のあとがきによれば、この会話があったころには、もう彼女はじぶんの手で日記を書くことをやめていたらしい。筋肉と骨の痛みで、タイプを打ったり、ペンを持ったりする力がおとろえ、詩も日記も、じぶんで録音したテープを助手役の女性に手わたし、そこから原稿に起こすという手のかかるやり方で「書く」しかなくなっていた。

若いころに彼女は乳癌を病んだ。いまの筋肉や骨の痛みもそのせいなのではないか、と何か月も悩み、ようやく医師がその恐れはないといってくれた。なんというよろこび。それが一九九四年八月一日のこと。日記を印刷にまわす期限がすぐそこにせまっている。「この仕事が終わるころには、わたしの容態も快方に向かう見通しがつく」だろう——そうしるしたところで、この日記は終わっている。

そして、その一年ほどのち、日記の書き手はその長い一生を終える。死因はやはり癌の転移だった。

古井由吉『楽天の日々』キノブックス、二〇一七年
池谷裕二『記憶力を強くする——最新脳科学が語る記憶のしくみと鍛え方』講談社ブルーバックス、二〇〇一年
メイ・サートン『82歳の日記』中村輝子訳、みすず書房、二〇〇四年
メイ・サートン『今かくあれども』武田尚子訳、みすず書房、一九九五年

6　本を読む天皇夫妻と私

まもなく明仁天皇が退位の時をむかえる。そのことを知って——いやそれよりも、二〇一六年八月、テレビ放送でいわゆる「おことば」にせっして、といったほうがいいかな。——ああ、やっぱりこの方はまぎれもない私の同時代人なのだな。

あらためてそう感じた。そして反射的に思い浮かべたのが、エリザベス・グレイ・ヴァイニングの『旅の子アダム』という本のことだった。

ではなにゆえの『旅の子アダム』だったのか。

ひとつにはむろん著者のヴァイニング夫人が、学習院中等科にかよっていた明仁皇太子の家庭教師だったから。そのえにしで皇太子はこの本を日本語版で読んだ。そしてもうひとつ、じつはこれとおなじころ、すなわち敗戦から三年たった一九四八年のクリスマスに、皇太子よりも五歳下の、まだ小学四年生だった私も、おなじ本をもらって読んでいたのです。

この年の秋、私はあやうく肋膜炎（いまでいう結核性胸膜炎）になりかけ、しばらく自宅で寝ていた。なにしろ戦後まもないころだったから、ラジオできく落語をのぞくと、本を読むぐらいし

E・G・ヴァイニング
『皇太子の窓』小泉一郎訳、
文春学藝ライブラリー

かたのしみがない。なのに、かんじんの読む本がない。かずすくない手持ちの本はもう読みあきたし、かといって、病気が病気なので、友だちから気軽に借りてくることもできない。そんな窮状をあわれんでサンタクロースが贈ってくれたのだろう。

原著は一九四二年にヴァイキング・プレス社から刊行され、その年のすぐれた児童文学にあたえられるニューベリー賞を受けた。私が読んだのはその六年後、つまりこの本をもらったのとおなじ一九四八年に星野あい訳で刊行されたばかりの日本語版で、当時の標準からすれば、なかなかの豪華本だったという記憶がうっすらとある。

一九四八年といえば、まだ四十代だった石井桃子を中心に「岩波少年文庫」という画期的な試みがはじまる二年まえ。とうぜんこの国には、チャペックの『長い長いお医者さんの話』も、リンドグレーンの『長くつ下のピッピ』も、フィリパ・ピアスの『トムは真夜中の庭で』も存在していなかった。

そうか、だとするとあの本こそが、それまで江戸川乱歩の「怪人二十面相」シリーズに熱中していた私が手にした、はじめての海外の新しい児童文学だったのかもしれないぞ。

主人公のアダムは私とおなじ年ごろの少年吟遊詩人で、やはり吟遊詩人の父親とともに、赤毛のスパニエル犬をつれて、十三世紀末のイングランド各地を旅してまわっている。旅の途中、竪琴を肩にかけた少年が夕暮れの渡し場にひとり立ちつくしている場面があり、そのさびしげな光景が、なぜか大人になったのちも私の頭にこびりついていた。

――とはいうものの、そんな場面がほんとうにあったのかどうか。もらった本はとうになくしてしまったし、たしかめようがないのですよ。

もう三十年以上まえになるが、そんな話を京都の飲み屋でいまは亡き今江祥智さんとしていたら、かれをつうじて、『飛ぶ教室』という児童文学誌の編集者がコピーを送ってくれた。

思いがけない厚情に感謝しつつ、すぐにもらったコピーでしらべたら、問題の場面は、物語の半分ほどのところにたしかにあった。ただし私は、それをさびしい抒情的な光景として記憶していたのに、実際は大ちがい。抒情的どころか、アダムはきわめて行動的な少年で、愛犬をうばって逃げる盗っ人を追って、とうとうと流れる大河に、ためらうことなく飛び込んでしまうのだから。

しかし奮闘むなしく愛犬も盗っ人もあっけなく見失い、おまけに父親ともはぐれてしまう。それでもアダムはめげることなく、ひとりで困難な旅をつづけ、親切な人やおっかない人や、さまざまな旅の仲間との出会いをかさねて、ようやく愛犬や父親との再会をはたす。そしてその間にアダムは、おさないが、つよい誇りと自立心をもった人間（「ぼくも父さんのような立派な吟遊詩人になるんだ」）として、しっかり成長してゆく――。

さきにのべたとおり、この児童小説を私は病床で読んだ。そしてヴァイニング夫人の『皇太子の窓』という回想録によると、明仁皇太子もおなじころ、やはり病床で、はじめてこの作品にせっしたらしい。私は肋膜炎だったが、皇太子は盲腸炎。そのため一九四八年十一月に、皇居内の仮病舎で緊急の手術をうけた。

殿下の御回復は大変順調で、明るい元気な御様子だった。私がお見舞いにうかがったとき、侍従の清水氏が殿下に本を読んでさしあげていたが、その本が私の『旅の子アダム』の日本語訳だったのに私は興味を覚えた。

じつはそれとおなじころ、皇太子の十三歳の誕生パーティで、侍従のひとりが「道は吟遊詩人の家だ」という作中の一節を朗読するということもあったようなのだが、ざんねんながら確認はできなかった。

ただし『皇太子の窓』のべつの箇所で、ヴァイニング夫人は、ある侍従（のちに中井正一副館長時代の国立国会図書館のスタッフとなる角倉《すみくら》志朗）に『旅の子アダム』（原書かも）を贈ったら、あとでかれが「名文だと思います」と、「中世紀における街道とその意義について述べた個所を〔じぶんのノートに〕写しとっておいたのを読ん」でくれた、としるしている。

もしもこの記述がただしいとすれば、あの誕生パーティで「道は吟遊詩人の家だ」という朗読をしたのも、この人物だったのかもしれない。その一節を、なくした星野訳のかわりに、こんど図書館でみつけた立松和平訳から引いておきます。ある旅の日、平野や丘を越えて、ずっとさきの、それこそ「全世界」にまでつづいているかに見える「立派な道」をまえに、父親が息子にこう語りかける。

「道というのは神聖なものだね。道を修繕して後の時代に残しておくことは、貧しい人に施しをしたり、病気の人の看護をすることと同じことだよ。道は太陽にも、風にも、雨にも、みな同じようにさらされている。道は人間を一ヵ所に集めたり、遠くに運んだりする。国中の各地をつなぐ。それからこれが重要なんだが、道は吟遊詩人の家だ。たまにはお城を家にすることがあっても、本当の家は道なんだよ」

侍従の朗読に耳を傾けるだけでなく、皇太子もその後、じぶんで日本語訳の『旅の子アダム』を読んだらしい。

では、なぜヴァイニング夫人は、皇太子がこの小説を読むことに「興味を覚えた」のか。その理由を夫人はどこにも書いていない。でも、おおよその推察はつく。思いもかけず旧敵国の皇太子の家庭教師となった人間として、彼女は、周囲の環境がどうあれ、じぶんの生徒が新しい日本で「つよい自立心をもった人間」にそだってくれることを、本気で願っていたのだろう。そのことのために、かつて私が書いた「旅の子」アダムの物語がいくばくかの役に立ってくれればうれしい。あからさまに口にはせずとも、そうひそかに考えていたのだと思う。

＊

明仁天皇だけでなく、私より四歳上の美智子皇后にも、いつしか、おなじ時代に本とのつきあいをはじめた人間としての親近感をいだくようになった。

天皇にお会いしたことはないが、皇后とはいちどだけ、私たちの世代（最初の戦後世代）の読書について、みじかい会話をかわしたことがある。

二〇〇三年、東京目白の「明日館《みょうにちかん》」を中心に、羽仁もと子が一九〇三年に創業した婦人之友社の百周年を記念する大きな催しがあり、私も講演者としてそこに招かれた。その数年まえに、月刊誌『婦人之友』と「家計簿」をふたつの軸とする同社の「友の会」活動をとりあげて、「雑誌の読者が「同志」だった時代」という文章を書いた。おそらくそのせいで呼ばれることになったのだろう。

その会場に美智子皇后がおいでになり、講演のあと、すこしお話ししましょうかと別室に案内された。

くわしいことはもうおぼえていないけれど、たしか皇后が最初に、戦争が終わって疎開先からもどってきたある日、三歳上の兄とその友人たちが本の話をするのをそばできいていた――その場の明るく自由な空気をいまも忘れずにいます、という意味のことを話され、そこから本や読書の話になったんじゃなかったかな。

あれこれ話すうちに、スキラ社というスイスの美術出版社が刊行する画集の、「スキラ判」として知られる特殊な判型のことが話題にのぼった。

B5判（週刊誌大）をタテに九センチほど短くした正方形にちかい判型。それがスキラ判です。当時のスイスの高度な印刷や製本技術とあいまって、その洗練された美しさが、一九六〇年代から七〇年代にかけて、デザイナーや編集者のあいだで人気をあつめていた。

同社から刊行された「創造の小径」シリーズもおなじ系統の判型（16・5センチ×21・5センチ）で、その日本語版が十八点、七〇年代に新潮社から刊行されている。ロラン・バルト『表徴の帝国』、レヴィ＝ストロース『仮面の道』、ル・クレジオ『悪魔祓い』、オクタビオ・パス『大いなる文法学者の猿』などなど――。

その印象がつよかったので、一九九七年に私たちが創刊した『季刊・本とコンピュータ』という雑誌で、この「創造の小径」シリーズの判型をそのまま踏襲させてもらった。編集者でも装丁家でもないふつうの読者は、「スキラ判」ときいても、たいていはなんのことかわからないですよ。ところが美智子皇后はごくあたりまえのこととしてスキラ判の魅力について語った。「あれ」と思ったな。本とのつきあいの深さが並みではないと感じたのです。

あとで、その『季刊・本とコンピュータ』のバックナンバーをお送りしたら、お返しに、ご自身の『橋をかける――子供時代の読書の思い出』という本を贈ってくださった。

一九九八年九月、インドのニューデリーで開催された「国際児童図書評議会」の世界大会で、美智子皇后が「子供の本を通しての平和」という大会テーマにもとづくビデオによる基調講演をなさった。その記録を英語と日本語で収録した本で、おなじ年にすえもりブックスから刊行された。私が贈ってもらったのは四年後に文藝春秋社からでたその「定本」版で、のちに文春文庫にもおさめられたから、読んだ人もおおいにちがいない。

学齢まえにまわりの人が読んでくれた新美南吉の「でんでんむしのかなしみ」という童話にはじまり、たくさんの本がでてくる。なかで中心におかれているのが疎開生活の中での読書体験です。

正田美智子さんが小学校にはいった一九四一年十二月、真珠湾攻撃によって太平洋戦争がはじまった。そのため父と兄を東京にのこし、母につれられて妹と弟とともに東日本の各地を移り住み、さいごの疎開先となった軽井沢で終戦をむかえる。

「教科書以外にほとんど読む本のなかったこの時代に、たまに父が東京から持ってきてくれる本は、どんなに嬉しかったか。冊数が少ないので、惜しみ惜しみ読みました」（『橋をかける』）

それらの本のなかで、とりわけ熱心に読んだのが、兄の本棚にあった「日本少国民文庫」で、そのうちの何冊かを父に頼んで疎開先に持ってきてもらった。

「日本少国民文庫」というのは、『路傍の石』などで知られる作家・山本有三の企画で、戦後、岩波書店で雑誌『世界』を創刊する吉野源三郎を実質的な編集長として、石井桃子、吉田甲子太郎（児童文学者）、大木直太郎（劇作家）を編集同人に、一九三五年に全十六巻のシリーズとして新潮社から発刊された。

一九三五年といえば、すでに満州事変がはじまり、三年まえの五・一五事件、翌年の二・二六事件と、いよいよ日本の社会に息苦しい空気がただよいはじめた時期です。そんななかで、「子供達のために、広く世界の文学を読ませたいと願った編集者があったことは、当時これらの本を手にすることの出来た日本の子供達にとり、幸いなことでした」と皇后は語っている。

当時私はまだ幼く、こうした編集者の願いを、どれだけ十分に受けとめていたかは分かりませんしかし、少なくとも、国が戦っていたあの暗い日々のさ中に、これらの本は国境による区別なく、人々の生きる姿そのものを私にかいま見させ、自分とは異なる環境下にある人々に対する想像を引き起こしてくれました。

この叢書には山本有三『心に太陽を持て』、里見弴『文章の話』、吉野源三郎『君たちはどう生きるか』など、多様なテーマの本がそろっていた。ただし皇后は、その中の『世界名作選』の（一）と（二）についてだけ熱心に語っている。なぜか。この二冊に『日本名作選』を加えた三冊が、父が幼い娘むきにえらんでくれたものだったからです。

と同時に、こんど二〇〇三年にでた新潮文庫版で読んではじめてわかったのだが、この『世界名作選』二巻は、このシリーズの編集者や翻訳者（岸田國士、阿部知二、中野好夫、高橋健二ほか）たちが、とくにこころをこめてつくったと思われる、いわば同叢書のかなめともいうべき大切な本だったようなのです。

そこには、キプリング「リッキ・ティキ・タヴィ物語」（イギリス）、ブレイク「笑いの歌」（同）、チャペック「郵便配達の話」（チェコスロヴァキア）、ケストナー「絶望」（ドイツ）、タゴール「花の学校」（インド）、マーク・トウェイン「塀を塗るトム・ソーヤー」（アメリカ）、アナトール・フランス「母の話」（フランス）、ドーデー「スガンさんの山羊」（同）などの「国境による区別なく」えらばれた作品が、子どもにもしたしめる、すぐれた翻訳でズラリとならんでいた。

なかのひとつ、アメリカ合衆国の詩人ロバート・フロストの「牧場《まきば》」という詩からうけた感動について皇后が語っている。

牧場《まきば》の泉《いづみ》を掃除《さうぢ》しに行《い》つてくるよ。
ちよつと落葉《おちば》をかきのけるだけだ。
（でも水が澄《す》むまで見てるかも知れない）
すぐ帰《かへ》つてくるんだから――君も来《き》たまへ（以下略）

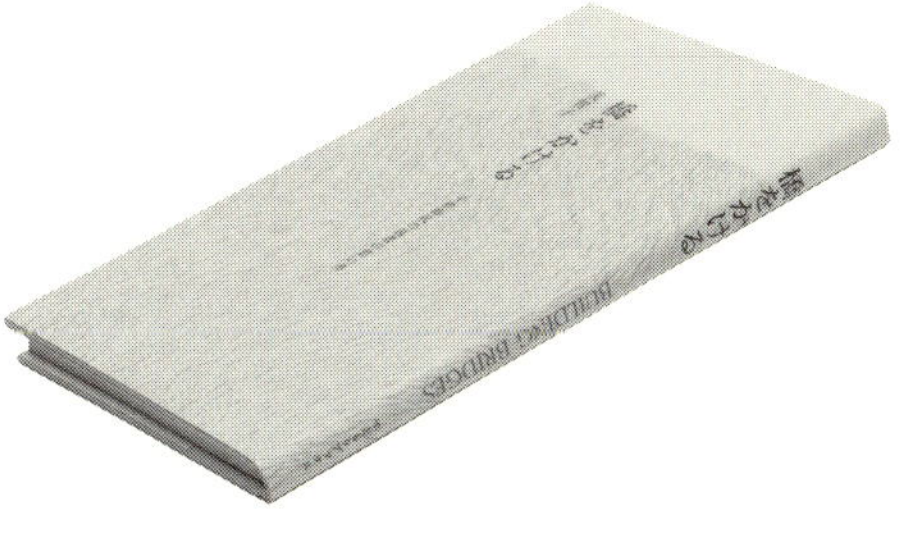

美智子『橋をかける』すえもりブックス

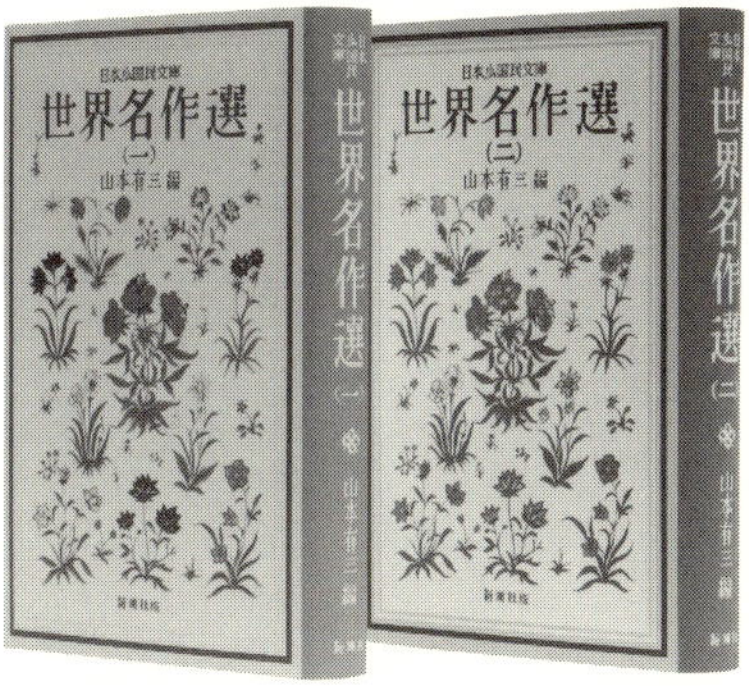

『世界名作選』（一、二）山本有三編、新潮社
初版はいずれも1936年、日本少国民文庫の14巻、15巻として刊行。1998年9月の皇后の基調講演を受けて同年12月に復刊された。

ずっとのち大学の図書館で原詩にふれ、最終行のリフレーンが「I shan't be gone long.—You come too」であることを知って、「かつて読んだ阿部知二の日本語訳の見事さ、美しさ」に、はじめて気づいた。おなじころ、この集を編むにあたって、吉野や石井などの編集者たちが、上田敏訳のカルル・ブッセ「山のあなた」をのぞく全作品（長短合わせて三十二篇）を「新たな訳者に依頼して新訳を得、又、同じ訳者の場合にも、更に良い訳を得るために加筆を求めた」ことなどを知ったらしい。

私がこの本を読んだ頃、日本は既に英語を敵国語とし、その教育を禁止していました。（略）子供の私自身、英米は敵だとはっきりと思っておりました。フロストやブレイクの詩も、もしこうした国の詩人の詩だと意識していたら、何らかの偏見を持って読んでいたかも知れません。

この一節が、さきに引いた「こうした編集者の願いを、どれだけ十分に受けとめていたか」という一節に、まっすぐつづいてゆく。そのたたみかけるような語り口にひきこまれた。なるほど、おさない人間としてあの敗戦を体験した者のうちには、ことばにはならない、こうした屈折した思いがひそんでいたのだな。その点では四歳下の私も例外ではなかったようだぞ、と感じたのです。

例外ではなかったというのは、私にもこんな経験があったからです。

＊

正田さん一家と同様に、私の家族（母と私と弟妹）も、父ひとりを東京にのこして信州の川岸村（現・岡谷市）に疎開していた。一九四五年八月十五日の正午ちかく、昭和天皇の「終戦の詔書」のラジオ放送をきくため、私たちが暮らしていた農家の隠居所に、おなじ疎開者の女性が数人あつまってきた。おさない私にあの放送がすぐ理解できたとは思えない。おそらく放送のあと、母親たちが抱き合って泣いているのを見て、やっと「日本が敗けた」とわかったのだろう。

――ぼくは男の子だぞ。なんとかしなければ。

と考え、隠居所のわきに大きな土管が十本ほど積んであることに気づいた。よし、あれだ、と思ったらしい。

「ねえ泣かないでよ。ぼくがあの土管にかくれてカタキを討つからさ」

そう高らかに宣言したことを、あれから七十年以上たったいまも忘れずにいる。すくなくともこの段階では、国民学校一年生だった私も、五年生の美智子さんとおなじく「英米は敵だとはっきりと思って」いたのでしょうな。

ただし私の場合、この「英米は敵」意識はあっというまに消え、しばらくたつと、友だちといっしょに「チョコレート！」「ガム、ガム！」とわめきながら、進駐軍のジープのあとを走って追いかけるようになっていた。

そして、あの講演のあとの会話によると、美智子さんもまた疎開からもどると、すぐに兄たちの会話に明るく自由な空気を感じるようになっていたらしい。

しかし明仁皇太子の場合、敗戦をはさんでのこうした旧から新への切り替えは、そうスムーズにはいかなかった。その点では、私はもとより正田美智子さんともちがう。そこであらためて思いだすのが、皇太子が病床で『旅の子アダム』を読んでもらっていることに「私は興味を覚えた」という、さきほどのヴァイニング夫人のことばです。

一九四六年十月、来日した夫人はすぐに皇太子と英語の個人授業をはじめた。

この授業で、夫人がなにか質問をすると、皇太子はまずちらっと侍従のほうを見る。どんな簡単な質問でも、侍従たちの助けを借りずに答えることはなさらないらしい。授業だけではなく、日常の些細な作業でも皇太子がうごくまえにお付きの人がさっとやってしまう。はじめ夫人は相当にびっくりしたようです。なんであれ、このような依頼心は早く捨てて、皇太子が「御自分の仕事をまったく独力でなさり、間違いを恐れないという経験をお持ちになる」機会をつくらないと——。

そこでヴァイニング夫人は、学習院中等科での週に一時間のじぶんの授業では、試験的に、生徒のひとりひとりに、アルファベット順にアダムとかビリーとか英語の名を割りふることにした。いつもは「殿下」とか「東宮さま」と呼ばれている皇太子が「一生に一度だけ、敬称も一切つけられず、特別扱いもまるで受けず、まったく他の生徒なみになることも、(略)よい御経験になるだろう」と考えたのです。

とうとう皇太子殿下の番になったので、私は言った――「このクラスではあなたの名前はジミーです」（略）

殿下は即座にお答えになった――「いいえ、私は皇子《プリンス》です」

「そうです、あなたは明仁親王《プリンス・アキヒト》です。（略）それがあなたの本当のお名前です。けれども（略）このクラスではあなたの名前はジミーです」。私はちょっと固唾《かたず》をのみながら待った。

殿下は愉しそうに微笑された。そこで組全体が晴れやかにほおえんだ。（『皇太子の窓』）

ほかの同年配の少年たちとはことなる大きな責任を負わされていただけではない。新しい環境のなかで、皇太子は身ぢかな人びととの関係もふくめて、それまでの日常の慣習をひとつひとつ変えてゆかねばならなかった。そんな少年が、じぶんとはまるでちがう、たったひとりで「つよい自立心」をもって生きる「旅の子」の物語にせっして、なにを感じたのだろう。ヴァイニング夫人の「興味」はおそらくそこに向けられていたのだと思う。

そして『皇太子の窓』にはもうひとつ印象的な場面があった。

一九五〇年の冬、ヴァイニング夫人の部屋に、もう高校生になっていた皇太子とふたりの学友がまねかれて、三年まえに施行された日本国憲法と二年前に採択された世界人権宣言の条項を英語と日本語で読みくらべる、というあつまりをもった。

新憲法には翻訳臭があるという意見があるが、殿下もそうお思いになりますか？　と夫人がたずねると、そうは思わないけれど文語体と口語体がまじっているのでへんな気がします、と皇太子は答えた。

——私は文語体で統一したほうがいいと思う。明治憲法は文語体で書かれている。文章が美しかったから国民は尊敬をはらったのです。

ヴァイニング夫人によると、どうやら皇太子はそれまで新憲法をちゃんと読んだことがなかったらしい。そのせいもあって、はじめて日本国憲法を英文とならべて読み、すくなからぬ違和感をいだいたのだろう。

——ふうん、皇太子（現天皇）と日本国憲法とのぬきさしならない関係は、まずはこんなふうにはじまったのであったか。

そこでおのずと思い浮かぶのが、それから六十六年のち、冒頭でふれた二〇一六年八月八日の天皇の「おことば」——ただしくは「象徴としてのお務めについての天皇陛下のおことば」のこんな一節です。

天皇が［日本国憲法にいう］象徴であると共に、国民統合の象徴としての役割を果たすためには、天皇が国民に、天皇という象徴の立場への理解を求めると共に、天皇もまた、自らのありように深く心し、国民に対する理解を深め、常に国民と共にある自覚を自らの内に育てる必要を感じて来ました。こうした意味において、日本の各地、とりわけ遠隔の地や島々への旅も、私は天皇の象徴的行為として、大切なものと感じて来ました。皇太子の時代も含め、これまで私が皇后と共に行《おこな》って来たほぼ全国に及ぶ旅は、国内のどこにおいても、その地域を愛し、その共同体を地道に支える市井《しせい》の人々のあることを私に認識させ、私がこの認識をもって、天皇として大切な、国民を思い、国民のために祈るという務めを、人々への深い信頼と敬愛をもってなし得たことは、幸せなことでした。

このスピーチにせっするまで、私は、「天皇は、日本国の象徴であり日本国民統合の象徴であって」と憲法第一条にいう「象徴」の語について、抽象的で観念的、なんだかよくわからんと感じるだけで、まともに考えたことがなかった。私とかぎらず、右も左も、学者も政治家も、だれひとり、このことを具体にそくして本気で考えたことはなかったんじゃないかな。

しかし私たちはそれですむけれども、未来の天皇その人となるとそうはいかない。なにしろ、「人間」天皇が同時に「象徴」であるということの異様さを、日々、じぶんのからだで生きなければならなかったのだから。

――高校生のころ読んだ新憲法への違和感にはじまり、長い長い時間を、その憲法によってみずからに課された「象徴」としての人生について、あの方は、だれの助けもなく、じぶんひとりで考えつづけてきたのだな。

あの日のテレビ放送で、ゆっくりした口調で語られる天皇の「おことば」をききながら、やっと私はそのことに気づいたのです。

＊

とりわけつよく印象にのこったのは、明仁天皇が「象徴」という抽象的な概念を、政治には関与しないという憲法の制限下でじぶんのなしうる「行為」として、観念的・政治的・宗教的にではなく、あくまでもひとりの「人間」の行動に即して定義しようとされてきたらしいことだった。すなわち、

――よろこびのときもかなしみのときも、「人々の傍らに立ち、その声に耳を傾け、思いに寄り添う」べくつとめること。そして、そのために「日本の各地、とりわけ遠隔の地や島々への旅」をひたすらつづけること。

それが長い試行錯誤のはてに天皇のたどりついた「象徴」の実践的定義だったのです。この「遠隔の地や島々」には、沖縄はもとより、広く、サイパン、パラオ、フィリピンなどの海外激戦地もふくまれると考えていいだろう。

そして、かつて天皇とおなじ本を読んでそだった同年代の人間としては、この定義から、ヴァイニング夫人の『旅の子アダム』を連想せずにいることはむずかしい。

いや、だからといって、あの物語の、

――無数の道が、太陽や風や雨にさらされながら「国中の各地」をつないでいる。その道をたどって、地位や財産や男女の別なくすべての人びととよろこびやくるしみを分かち合う。「道は

吟遊詩人の家だ。たまにはお城を家にすることがあっても、本当の家は道なんだよ」

というおしえを天皇がそのままなぞっているなどといいたいのではない。

そこまで強弁することは私にはできません。しかし、かつて天皇がおさない皇太子だったころに読んだ物語の記憶が、そうと意識することなく、いまも天皇のうちに生きているというぐらいのことはいってもいいのではないか。美智子皇后が『橋をかける』のなかで「子供時代の読書」について語ったこんなことばを読むと、なおさらそのように思えてくるのです。

「それ［子供時代の読書］はある時には私に根っこを与え、ある時には翼をくれました。この根っこと翼は、私が外に、内に、橋をかけ、自分の世界を少しずつ広げて育っていくときに、大きな助けとなってくれました」

そのむかし「本を読む子ども」のひとりだった天皇のうちでも、たぶんこれとおなじことが生じていたにちがいない。そして、もしそうであるとすれば、さきほど私は「天皇がひとりで考えつづけた」と書いたが、あれはまちがいだったことになる。いや最初のうちはたしかにそうだったのでしょう。でもそれはあくまでも旅の途中まで。「私が皇后と共に行《おこな》って来たほぼ全国に及ぶ旅」と天皇が「おことば」でのべているごとく、やがてこの作業に正田美智子さんが頼りがいのある親密な「旅の仲間」として加わってきたのだから。

一九五九年、皇太子ご成婚——。

その前年に私は大学にはいり、この五九年から翌六〇年にかけて反安保闘争が激化する。いわゆる「六〇年安保」の時代です。そんななかでの「テニスコートの恋」や「ミッチーブーム」といった世間のさわぎ――なかんずく沿道の群衆に馬車の上から手を振る晴れ晴れと明るい若いプリンス夫妻のテレビ映像を、デモ帰りの私はいくぶん白けた気分で見ていた。でも八十歳を目前にしたいまになってようやくわかった。あの、周囲の反対を押し切ってつらぬかれたときく「皇太子の恋」とは、じつは、このさき「象徴」として生きる道をともに歩む「旅の仲間」をもとめての、若い皇太子の切実な意思の表明でもあったのですね。

それから六十年――いま私たちがテレビ画面で日常的に目にしているのは、東北や熊本などの被災地になんども足をはこび、避難所の床に坐って待っていた人びとのまえで、腰をかがめ両膝をついて、かれらとおなじ目の高さでゆっくり会話している、老いた夫妻のすがたです。

――おそらくこの姿勢こそが天皇夫妻が日本国憲法のもとでつくりあげた「象徴」の究極的なかたちなのだろう。それにしても、えらいよなあ。だれにせよ、八十歳をこえてこうした苦しい姿勢を長時間たもちつづけるのは、けっして楽なことではないのだから。

おふたりよりも若いくせに、早くもよれよれになった私は、ひとごとならず、そう感じさせられてしまう。と、そうのべた上で、美智子皇后の『橋をかける』のおわり近くにしるされた以下の短い一節を引いておきます。

そして最後にもう一つ、本への感謝をこめてつけ加えます。読書は、人生の全てが、決して単純でないことを教えてくれました。（略）人と人との関係においても。国と国との関係においても。

私たちは「決して単純でない」世界を、それぞれが「決して単純でない」しかたで生きてゆくしかない。読書は、その「単純でない」環境に耐える力を私たちにあたえてくれる。これまでもそうだったし、きっとこれからもそうだろう。

いま天皇夫妻とおなじように年老いた私は、この皇后のことばに、なんのためらいもなく共感できる。長く「単純でない」時間がたったのです。

エリザベス・グレイ・ヴァイニング『旅の子アダム』立松和平訳、恒文社21、二〇〇四年
E・G・ヴァイニング『皇太子の窓』小泉一郎訳、文春学藝ライブラリー、二〇一五年
津野海太郎「雑誌の読者が「同志」だった時代」岩波書店『知識人・近代日本文化論4』、一九九九年（のち『読書欲・編集欲』晶文社、二〇〇一年に再録）
美智子『橋をかける——子供時代の読書の思い出』すえもりブックス、一九九八年／文春文庫、二〇〇九年／文藝春秋、二〇一二年
「象徴としてのお務めについての天皇陛下のおことば」宮内庁ホームページ

7　蔵書との別れ

岡山吉備高原で新しい町の建設がはじまった。そこに書斎と書庫を中心とする新居をもうけて、まず三万冊ある蔵書のうちの一万冊を移し、落ちついたら生活の拠点も、いまの横浜からまるごとそっちに移すつもりなんですよ。

そんな話を紀田順一郎氏からきいたのが一九九〇年代のなかばすぎだったろうか。紀田さんは私の三歳上だから、当時はまだ六十歳をすぎたばかり。質量ともに私などとはケタちがいの蔵書をかかえ、いまはいいだろうが、このさきたいへんなことになるんじゃないかな、と心配しないでもなかったので、そうきいて、なんとなくホッとしたおぼえがある。

ところが、この夏（二〇一七年）にでた『蔵書一代』という新著を読んで、がくぜんとした。

紀田順一郎『蔵書一代』松籟社

あの吉備高原都市計画がバブル崩壊にはじまる不況で中断され、予定されていた交通面でのサービスもととのわないままに、移転十四年後の二〇一一年、新しい家を売り、やむなく全面撤去せざるをえなくなってしまったというのだから。

――あれあれ、そんな事態になっていたんですか。知らなかったな。

でも、ことはそれだけではすまなかったのである。

吉備高原撤退から四年のち、八十歳になった紀田さんは、じぶんと妻のからだのおとろえ、自宅の老朽化、それに経済上の理由などもあって、十二畳の書斎と十畳半の書庫を埋めていた三万冊の蔵書のすべてを売却し、シニア向けマンションに引っ越すという、さらにすさまじい決断をしいられる。つまりは、みずからの人生をかけた蔵書とのとわの別れ――。

ただし、蔵書を一挙にゼロにすると、精神状態に自信が持てない。いくら老い先短いとはいえ、今日明日にもお陀仏となるわけではあるまい。人生そう簡単に線引きできないところが老後の悩みで、解決策としては別れるに忍びない本を約六百冊、新居に連れていくしかなかった。たったこれだけを六〇年代に流行したスライド式書架二台に収め、新居の狭い二部屋に運びこもうという算段である。案のじょう妻からは「床が抜けたら、マンションの資産価値が下がりますよ」などと猛反対を受けたが、ここが土俵際の凌ぎどころと、もっともらしく構造式や重量計算式などを並べ、かろうじて説得に成功した。

紀田さんの著書で私が最初に読んだのは、おそらく一九七九年に新潮文庫からでた『日本の書物』だったと思う。もともとは『週刊新潮』のコラム連載で、完結後に単行本として刊行されたものの文庫化。『古事記』や『竹取物語』にはじまり『東海道中膝栗毛』や『航米日録』まで、八十二点（連載では八十点）の日本の古典が、いかにもコラムらしい達者な文章で紹介されていた。

それはそれで楽しく読んだが、なかでも最古の写本や印刷本のありかをふくめ、一点一点の書誌データが簡潔にしるされているのに感心した。『竹取物語』でいえば28・1×20・6センチと、きちんと数字でしめされていたこと。あとで知った話によると、そのつど紀田さんが所蔵元の寺社や図書館や資料館に足をはこび、じぶんで物差しを当てて計るか、その余裕がないときは手紙や電話で依頼して計ってもらうかしたらしい。

そんな面倒なことを、こともあろうに週刊誌のコラムでやってのけるとはね。おまけに八十回もだぜ。私ごときズボラ人間としては、なんでそこまでやるのさと、あっけにとられるほかなかったのです。

ことほどさように、紀田さんは「しらべごとの魔」ともいうべき人なので、著作にも、書物論や出版史を軸として、大学時代にはじまる幻想怪奇文学研究から、近代日本の庶民文化史やデジタル文化論まで、おびただしい量の資料を必要とするものが多い。

資料のうちには、さまざまな辞書や事典、年鑑、地図、年表、資料集、白書、便覧、書誌など、図書館でいうところの参考図書（リファレンス・ブック）のたぐいもふくまれる。大学教師ならじぶんが属する大学の図書館にたよることもできるだろう。でも紀田さんはそうじゃなかったからね。みずからいうインディペンデントな「研究者蔵書家」として、その種の本も、ひとりで営々と買いそろえてゆくしか手がなかった。

で、買った本のうち不要になったものを売り、その金でまた本を買う。その繰りかえしによってかたちづくられた蔵書が三万冊。そのいわば「最後の蔵書」を、こんどは一挙に六百冊まで減らさなければならないというのだから、たまったものではない。

しかも移転まで、わずか三か月。あれこれ逡巡したすえに、これは古書店行きときめた書棚に、片っ端から荷造り用テープをバッテン状に貼り、訣別のしるしとすることにした。その「×」マークがまたたくまに増えてゆく。「もはやヤケであった」と紀田さん――。

それでも幻想怪奇文学関連の一千冊ほどの洋書をどうするかの方針が立たず、ギリギリまで迷った。なにしろ「半生におよぶこだわりのテーマ」なのだ。できることなら、だれもが自由に利用できるように、なんらかの施設にまとめて保存してもらいたい。

しかし一千冊の洋書ともなると図書館も引き取ってくれない。この十数年、不況下の「聖域なき行政改革」によって予算を削られつづけてきた公立図書館には、たとえ無償で寄贈されても、それを保存するスペースがないし、整理や維持にあたるスタッフも確保できない。事情は大学図書館や各地の文学館もおなじ。ということは二〇〇六年から六年間、神奈川近代文学館の館長をつとめた紀田さんが、だれよりもよく知っていた。

――このコレクションを中心に資料館をつくりましょうよ。

そういってくれる人もいたけれど、急場の役には立ちそうにない。頼みの綱の古いつきあいの大手洋古書店の社長も、連絡をとると一週間まえに亡くなっていた。かくして「ついに命運が尽きた」——紀田さんは多ジャンルにまたがる膨大な蔵書のほぼすべてを、「最寄りの大型〔古〕書店」に一括してゆだねる決心をするしかなかったのである。

そして雨もよいの師走の某日、アルバイトの運び手たちがやってきて、一日がかりで蔵書にビニール紐がかけられ、翌日、それが二台の四トントラックに積み込まれる。からっぽの書庫に立ちつくす紀田さんの頭を「書籍なき家は主《あるじ》なき家のごとし」というキケロのことばがよぎった。

いまにも降りそうな空のもと、古い分譲地の一本道をトラックが遠ざかっていく。私は、傍らに立っている妻が、胸元で小さく手を振っているのに気がついた。

その瞬間、私は足下が何か柔らかな、マシュマロのような頼りないものに変貌したような錯覚を覚え、気がついた時には、アスファルトの路上に俯《うつぶ》せに倒れ込んでいた。

「どうなさったんですか？　大丈夫ですか？」居合わせた近所の主婦が、大声で叫びながら駆け寄ってくる。

「いや、何でもありません。ただ、ちょっと転んだだけなんです」私はあわてて立ち上がろうとしたが、不様にも再び転倒してしまった。後で聞くと、グニャリと倒れたそうである。

こうして「ろくすっぽ家具もなく、五十年以上本のほか何ひとつ買い揃えることのなかった家」――紀田さんの半生をささげた私設図書館があとかたもなく消滅した。そのようすを紀田さんは、おそらくはこれまですくなからぬ犠牲をしいられたであろう夫人とともに、ただ呆然とながめるしかなかったのです。

＊

こう書くと、たぶん本好きの方々には、あまりにも辛すぎる惨事としか感じられないだろう。じじつ私だってそう感じたのだから。

しかし、その一方で、

――すごいね、紀田さん。みごとにやってのけましたね。

そういって氏の壮挙を祝賀したい気もちも、いくぶんか、いや、もしかしたら、よりつよくあったような気がする。

――ははァ。でもなぜ？

――いや、じつは私にも、しばらくまえに蔵書の大幅削減をこころみて、あえなく失敗した苦い体験があったのよ。

しばらくまえとは二〇〇八年。この年、満七十歳になった私は、それを機に、長いあいだつづけてきた編集者と大学教師の仕事をやめた。出版であろうと大学であろうと、他人といっしょにやる仕事はもういいだろうと、心底、そう思ったので。そして、いったんそう決めると、手持ちの蔵書がやけに重苦しく感じられてきた。

蔵書といっても、私の場合、紀田さんのような堂々たるものではない。仕事柄、新刊古本をひっくるめて、本はひとなみ以上に買っていた。ただし五十代の前半まではひとり暮らしで、たえず引っ越しを繰りかえしていたから、そのつど、かなりの量の本の処分を余儀なくされた。狭い部屋からまた別の狭い部屋へ。したがって蔵書の限度は三千冊から多くて四千冊ていど。それが結婚後、家を建てて収容スペースができたのをきっかけに徐々に増えはじめ、このころは文庫や新書をふくめて七千冊ほどになっていた。

——じぶんがおとろえ切るまでに、なんとかこれを一千冊に減らしておきたい。

そう考えるようになった理由のひとつが、このまま死んだら親しい連中にかならず厄介をかけるぞ、と思ったことだった。

これまで私は編集者や小さな大学図書館の館長として、物書きや教師やジャーナリストなどの職業インテリ諸氏の没後、のこされた蔵書をどう処分するかで家族や身ぢかな人びとが苦労するさまを、いやというほど見てきた。そのせいで、できることなら、じぶんの死後にああした状態を引き起こすのは避けたい——そんな気もちがことのほかつよくなっていたのです。

しかし、この殊勝なもくろみは、半年かけて二千冊ほど減らしたあたりで、あえなく挫折した。その顚末について、二〇一五年に本の雑誌社からだした『百歳までの読書術』という本でざっと触れ、それを紀田さんに送ったら、折り返し「身につまされました」という意味のメールがとどいた。

ってていたのだな。

——なるほど、いまわかりましたよ。あれがちょうど氏が全蔵書の売却を決意した時期に当たっていたのだな。

紀田さんや私にかぎらず、昨今、おおくの職業的知識人、ないしはそれに準ずる人びとの身に、規模の大小を問わず、こうしたしんどい事態が頻繁に生じているらしい。西牟田靖の『本で床は抜けるのか』とか岡崎武志の『蔵書の苦しみ』といった、あけすけなタイトルの本も目につくしね。どうやら私たちは、おのれの限界をわすれて、あまりにも大量の本を抱えすぎているのかもしれないぞ。

私はともかく、いまの日本には、紀田さんクラスかそれ以上の蔵書家だって何十人、いや、おそらくは何百人もいるだろう。その代表が「この十年ほどの間に物故した著述家や知的活動家の蔵書数は、戦前知識人の規模をはるかに超える」と紀田さんが『蔵書一代』で列挙している高名な「物故した著述家」の方々。すなわち、井上ひさし（想定される所蔵冊数は十四万冊）、谷沢永一（十三万冊）、草森紳一（六万五千冊）、山口昌男（冊数不明、もはや本人もわからない）、渡部昇一（十五万冊）といった人たち——。

このリストにせっして、ああ、やっぱりね、と思った。一九二九年生まれの谷沢から三八年生まれの草森まで、その全員が、紀田さんもふくめて、おなじ一九四〇年代に幼少年期をすごしているのだ。

明治の文明開化以降、とくに二十世紀にはいって急上昇したこの国の年間出版点数が、一九三五年に三万点をこえる。そのいきおいが戦争の進行につれて逆流しはじめ、大日本帝国敗戦の一九四五年には六五八点にまで減ってしまった。かたい本とやわらかい本、おとなの本と子どもの本、そのすべてをひっくるめての六五八点ですよ。いまは年間約八万点だから、くらべればゼロにひとしい。

この出版のゼロ年に草森紳一は小学校（当時でいう国民学校）の二年生。おなじ年、紀田さんは四年、井上ひさしは五年、山口昌男は中学二年。つまり、この世代の者は、食うものだけでなく読むものもない、本への底なしの飢えとともに育つほかなかったのである。私は早生まれの草森さんの一学年下だったから、この飢えの深さを経験によって知っている。「やっぱりね」というのもだからこそ。

その後、戦後復興によって出版産業がよみがえり、公共図書館サービスが徐々に定着していっても、かれら、いや私たちの飢えの記憶が薄らぐことはなかった。

そしてその間に、参考図書や専門別の基本図書を中心として、必要と思われる本を図書館や他人の蔵書にたよらず、じぶんの所有物として手元にそろえておく——そんな習性がしっかり身についてしまった。ほしい本をがつがつ掻きあつめ、ともに暮らす家族がなにをいおうと断固としてそれを保守しつづける。紀田さんや同世代の著述家諸氏だけでなく、いっぱんの知識人、身近な人でいえば私の中学や高校の先生方も、ひとしく、そうやってじぶんの蔵書をつくっていた。そんな書斎の記憶がいくつものこっている。

じつをいうと、私はつい最近まで、こうした過度の蔵書欲は時代や環境の別なく、本好きの人びとに共通するごく当たりまえの習性なのだろうと、なんのうたがいもなく思っていた。

でも、かならずしもそうではなかったのですな。鷗外や漱石や露伴はもとより、三木清や和辻哲郎や林達夫のような昭和前半期の大インテリですら、当今の基準からするとわずかな蔵書しか持っていなかった。それは紀田さんが、いまの知識人の蔵書数は「戦前知識人の規模をはるかに超える」というとおり。

戦中戦後の本への飢えが欲望のバネとなり、そこに洋書輸入の自由化、全集ブーム、さらには高度経済成長下で激化した本の大量生産・大量消費の風潮がかさなって、通常の「規模をはるかに超える」個人蔵書の巨大化がすすんだ。私は勘ちがいしていたが、実際には、どうやらそういうことであったらしい。

そして前世紀が終わりに近づくにつれて、この種の飢えの記憶や、本へのやみくもな欲求が薄れ、日常の読書する習慣までがしだいにおとろえはじめた。資産家のコレクターや情報マニアをのぞくと、紀田さんのあげる「物故した著述家」たちのような伝説的蔵書家が、今後もつぎつぎに現れるとはとうてい思えない。そう考えると、紀田さんの私的図書館の崩壊のうしろに、こうした戦後日本型「本とのつきあい方」の終わりの光景がまざまざと見えてくるのです。

＊

紀田さんの『蔵書一代』を読んで「あれ？」と思ったことがもうひとつ。紀田さんなら当然あるはずの本や出版の電子化への言及が、なぜかまったく見あたらないのだ。

いまとなっては想像もつかないだろうが、一九八〇年代が終わるころまで、職業的な文系知識人のほとんどはコンピュータを頭から拒否していた。作家や詩人や学者はもちろん、編集者も図書館人もみんなそう。おおげさにいうと、「あんな化け物に手を触れると紙の本そだちの私の繊細な魂がけがれる」と、けっこう本気で考えていたのです。

そんななかで、紀田さんは例外的に七〇年代末から、ハードディスクも日本語ソフトもない原始状態のパソコンと本気でつきあうようになっていた。まだ英語しかつかえないハンパな道具で、まずこころみたのが手持ちの大量の本と、八ミリと十六ミリの映画フィルムの管理だったのだそうな。

そして八〇年代にはいると、アップルの革新的パソコン「マッキントッシュ」が登場し、それをつかって、マルチメディア、ゲーム、教育、コンピュータ通信、さらには電子本と、さまざまな領域でコンピュータにとりくむ文系人のかずが、すこしずつ増えてくる。

のちにその人びとを七人まねいて、室謙二（そのころは日米間を頻繁に往復するデジタル文化ジャーナリストだった）と私をホストに、雑誌『思想の科学』で「コンピューター文化の使い方」という連載鼎談をやった。

そのひとりとして紀田さんにきてもらったのが一九九三年。おなじ年に私は『本とコンピューター』という本をだし、その二年後にようやくインターネットの一般利用がはじまる。そんな時期にはじめて私は紀田さんと出会ったのです。

その席で、紀田さんは本と出版の電子化について、こんなふうに語った。

それと流通の問題ね。重い本をえっちらおっちら運ぶというかたちでの流通システムの不備が、戦後五〇年たってもまだ解決されていない。これを根本的に解決するには、読者からこの本がほしいという注文がきたら、出版社がそれを直接、読者のプリンターに送り込むというシステムをつくりあげるしかないんじゃないかな。本をとりまく環境は大きく変わっていかざるを得ないと思いますね。それが作品の内容的な革新にもつながっていく。

この時期になると日本でも、NECの「デジタルブック」や、ボイジャー・ジャパンの「エキスパンドブック」など、電子化した本をコンピュータ画面で読むこころみが、そろそろ現実化しはじめていた。

紀田さん自身も、ワープロソフト「一太郎」や、かな漢字変換ソフト「ATOK」のジャストシステムと組んで、『日本語大博物館——悪魔の文字と闘った人々』にはじまる一連の大著の刊行や、ワープロ辞書の精緻化を現場で主導するといった活動に積極的にかかわっていた。要するに当時の紀田順一郎は、研究と実践の両面で、「紙の本」と「電子の本」という二つの世界をつなぐキーパーソンのひとりだったのです。

なのにその紀田さんが、八十歳をすぎてだした大切な本で、電子本の現在について、ひとことも触れていない。私ならずとも、かなりのかずの人がふしぎに思ったにちがいない。

理由はいくつかあるにせよ、ひとつにはやはり、この間に紀田さんが直面した蔵書解体の危機にさいして、かつて期待したような本の電子化はまったくなんの力も発揮できなかった。そのことがいちばん大きかったのではなかろうか。

——あのとき私が呆然と立ちつくしたからっぽの書庫を、ただちに電子の本が埋める。そんなことがありえないことはわかっている。私がなじんできた旧来の「本とのつきあい方」にとって代わるはずの、新しい時代の「本とのつきあい方」のぼんやりした輪郭すらまだ見えてこない。そんな状態で、いまの私に本の電子化について得々と語ることなどできるわけがないよ。

きっと紀田さんはそんなふうに思っていたのだろう。そう私が想像するのは、いくぶんかなりとも同じような思いが私にもあるからです。

紙の本にせよ、電子の本にせよ、このさき私たちの読書環境や習慣がどうなってゆくかを見とおすことは、だれにもできない。でも、できればこうなってほしい、と考えることはだれにでもできる。

ただし頭のなかで考えるのと、それをおおやけの場で書いたり語ったりするのとは、また別のことですからね。

紀田さんも私も、あるいは二十四年まえにでた鼎談集『コンピューター文化の使い方』のほかの参加者たち——室謙二、佐伯胖《ゆたか》（教育学）、萩野正昭（電子出版）、松岡裕典《ゆうすけ》（コンピュータ通信）、故・浜野保樹（マルチメディア）、平野甲賀（グラフィック・デザイン）、黒崎政男（哲学）も、どうなるか予想もつかない未来に向けて、それぞれの領域で「こうなってほしい」と元気に語っていた。

でも、いまになってわかる。私たちがあんなに元気よくしゃべることができたのは、そこに、いま私はこんなことをやっている、この先はこうやっていくつもりだ、という実践の裏付けがあったからなのだ。

その裏付けなしに、つまり老いるにつれて実践の場から遠ざかった人間にとって、「こうなってほしい」と考えることはできても、それをおおやけの場で語るのはきわめてむずかしい。とりわけ読書というようなとことん個人的ないとなみの未来となると、そのつもりはなくとも、いつしかそこに自分勝手なグチやお説教がまじってしまう。いやだよ、そんなの。他人がどう思うかよりも、まずはそうなってしまうじぶんがいやだ。と、おそらくそんなふうに紀田さんも思っていたのではないかな。

といっても老人に実践の場がまったくないわけではない。その一例がほかならぬ蔵書の処分である。ギリギリに追い込まれた場で、紀田さんは三万冊の蔵書をなんとかみごとに処分してのけた。八十歳でも、やろうと思えばやれる。そのことを身をもって証明したといってもいい。その意味で、紀田さん、あなたは大量の蔵書に悩む人びとやその家族にとっての老英雄なのですよ。

そこで、以下は紀田さん（成功）や私（失敗）の体験にもとづく、あとからくる人たちへの教訓――。

第一に、蔵書の大幅削減はできるだけ早くはじめること。できれば体力・気力のある六十代なかばまでに。

第二に、いったん決心したら、思いきって一気にやってしまうこと。そうすれば、蔵書ロスの悲哀からたちなおる余裕も生まれるだろう。

この二つのことだけは骨身にしみてわかった。じゃあ、ほどなく八十歳になる私自身はどうする？

紀田さんの決断にショックをうけ、そのぶんつよくなったらしい私は、このさき、もうこれ以上の大幅削減はしないと、はっきり腹をくくったのです。

失敗のあと、それでも二千冊ほどの蔵書をだらだらと処分したので、あと四千冊強。したがって紀田さんの八分の一ていど。それくらいなら、まえもって知り合いの古本屋さんに頼んでおけばなんとかなりそう。おそらく半分ちかくは商品にならないだろうからゴミ処分。その手数料を引いて、のこった金で家族や親しい人たちが一夜、うまいものでも食ってくれたら、もういうことないよ。

紀田順一郎『蔵書一代――なぜ蔵書は消え、そして散逸するのか』松籟社、二〇一七年
紀田順一郎『日本の書物』新潮社、一九七六年／新潮文庫、一九七九年
津野海太郎『百歳までの読書術』本の雑誌社、二〇一五年
室謙二・津野海太郎編『コンピューター文化の使い方』思想の科学社、一九九四年

8　手紙と映画館が消えたのちに

小説であれ随筆であれ、新しい本がでたと知ると、すぐ本屋に向かう。そんな作家が私にもわずかながらいて、そのひとりが山田稔なのです。

家にもどって、ときには家に着くまえの路上で、買ったばかりの本を読みはじめる。いつものことながら、山田さんの文章を読むのはたのしい。そしてそのたのしさには、これまたいつも、かすかな「おそれ」のごときものがまじっている。そうか、もしかしたら私の場合、その一抹のおそれをもふくめてのたのしみなのかもしれないな。

というのも、山田さんはたいへんな手紙好きなので、その文章にも、かならずといいたくなるほどしばしば、古い知人や見知らぬ人との手紙のやりとりがでてくる。たとえば「久保文さんの死を知ったのは、今年（二〇〇二年・津野注）の四月二十四日付朝日新聞夕刊によってであった。享年九十」とはじまる「八十二歳のガールフレンド」という文章でいうと――。

山田稔はこの人の名を十七年まえ、スウェーデンの精神科医アクセル・ムンテの手記『サン・

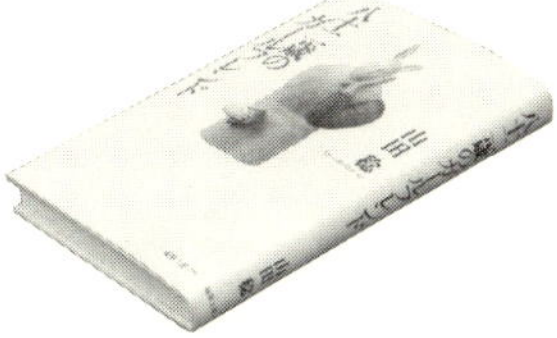

山田稔『八十二歳のガールフレンド』編集工房ノア

ミケーレ物語』の翻訳者として知った。さっそく出版社あてに感想の手紙を送ると、ほどなく「なつかしい京都の下鴨からのお手紙（略）ありがたく拝見致しました」という「丁重な封書の返事」がとどいた。

なつかしいというのは、久保さんも若いころ十年ほど京都で暮らし、いつも犬をつれて下鴨神社のあたりを散歩していたから。しかも、山田稔が京大仏文科でまなんでいた当時の主任教授・伊吹武彦がまだ三高の先生だったころ、フランス語の個人教授をうけたことがあるらしい。それやこれやで、この十九歳年上の女性と「面識もないままに一方的に『友達』になってしまった」のだという。

そののち二年半ほどの文通をへて上京した山田稔は、彼女が住む目白の酒場ではじめて久保さんと会う。「ほっそりした体つきの、鼻すじのすっと通った顔に眼鏡をかけ、ベレー帽をかぶった、いかにもモダンな感じの美しい老婦人」で、「ちょうど喜寿をむかえたばかり」とはとうてい思えない。なかんずく「飲みっぷりのみごとさ」に感嘆させられた。

ただし初対面のあとは二、三回、京都の酒場で飲んだことがあるだけ。そんな交際がゆっくりつづくなかで、彼女には、アジア・アフリカ作家会議にかかわり、若い人たちと日韓の戦後文学を語る会をやるというような、いまふうにいえば「リベラル左派」の活動家的な一面があることもわかってくる。

そして「たしか一九九三年のおわりごろ、出町柳の近くの小さな酒場に案内したことがある」と山田さんのいわく——九時ごろにその店をでて、並んで歩いていたら、久保さんが「ごく自然に私の腕を取り、笑いをふくんだ声で言った。

「東京の若い人たちに言ってやってるのよ、私には京都にすてきなボーイフレンドがいるって」

大通りに出て、タクシーを拾おうと立ち止まった。

「バスで帰るわ、タクシーなどめったに乗ったことがないから」

そう言うのを、寒いし、バスは何時来るかわからないからと説得した。

タクシーが来た。

「どうか気を付けてお帰り下さい」

そう気遣う私にむかって、八十二歳のガールフレンドは、

「人生はこれからよ」

そう言い残すと、車中に消えた。

それが私の見た久保さんの最後の姿だった。


この短篇「八十二歳のガールフレンド」をおさめる同題の作品集には、手紙が大きな役割をはたす文章がほかにもいくつか見つかる。なかで、久保さんとおなじ高齢の女性との手紙をつうじての交際という点では、「シモーヌさん」という文章がことに印象ぶかい。

フランスのセリイという町に、短篇集『小さな町で』（いまは山田稔訳がみすず書房からでて

いる）の作者、シャルル＝ルイ・フィリップの記念館がある。

一九九四年、かれはこの記念館で偶然、シモーヌ・レイノーという老女と出会った。町のリセ（高等学校）の元教師で、巷のフィリップ研究者でもある彼女とのあいだで、いつしか、したしい手紙のやりとりがはじまり、六年後、二〇〇〇年の年賀状でそれが終わる。あいだで会ったのは九九年五月にセリイで開かれたシンポジウムに彼女の招きで出席したときの一回だけ。したがって久保さんと同様、実際に会った回数はごくわずか。あとは文通のみのつきあい。


手紙のやりとりという形での対話、それはこころが繋がっている証拠だ。こころが繋がっている以上、再会の希望は残されていると思いたかった。相手もまた、同じような思いでペンを走らせているのではなかろうか。


そう山田稔は「シモーヌさん」にしるしている。さもあらん。だからこそ私は、かれらのおだやかなつきあいのスタイルにこころひかれ、気持よくそれを読みすすめることができるのだろう。それはほかの本、『ああ、そうかね』や『リサ伯母さん』や『マビヨン通りの店』に収録された多くの文章の場合もおなじ。

遠くはなれた土地で、それぞれにつよい自立心をもって生きる人びとが織りなす時間がしずかに流れる——。

と、そこまではいいのですよ。ところが山田さんの文章では往々にして、それらのおだやかな語りに、ふいにはげしい口調で、こんな一節がドカンと投げこまれる。

いささかユーウツなのは、最近すこしずつではあるがワープロで書いた（?）手紙（私信）がとどくようになったことである。ダイレクト・メールのたぐいにまじって、なんとも味気なく、手紙好きの私を落胆させることははなはだしい。機会あるごとに「ワープロの手紙は読まずに捨てることにしているからね」と警告を発しているが、冗談ととられるらしい。（「時代おくれ」、『ああ、そうかね』所収）

個人的には、これがこまるのだ。なにしろ私は手紙を書くのがことのほか苦手で、ワープロや電子メールの力を借りて、辛うじてひとなみの「手紙のつきあい」をなりたたせているのだから。書くだけでなく読むのも苦手。おそらく山田さんやその手紙友だちの方々からは非人間的と思われてしまうであろう、まぎれもなく私はそちらの側に属する者なのである。

なのに、なぜこうも山田さんの手紙語りが好きなのかしらん。

たぶんそんな非人間だからこそ、じぶんにはうまくこなせない人間味ゆたかな「手紙のやりとり」に、ちょっと憧れているのだろうな。そしてだからこそ、こうしたニベもない記述に一瞬ギクリとし、あの人は頑固だから、いつどこでこうした一撃をくらうかもしれんぞと、たのしみながらも、かすかな「おそれ」をいだいて氏の文章を読みすすめることになるのだろう。

いやはや、それにしても「ワープロの手紙は読まずに捨てることにしている」とはね。これじゃあ、作者にファンレターをだすこともできないじゃないの。

しかも手紙だけではない。これと同様のおそれを、ときに山田稔が映画とのつきあいについて書いた文章にも抱かされてしまう。たとえば一九九二年にでた『シネマのある風景』という本のこんな一節――。

＊

映画はすべて映画館でみる。家を出て、映画をみて、一杯やって帰宅するまでが私の「映画」である。ビデオは映画のうちに入れない。この態度を当分は頑迷にまもっていきたい。

（「破局の予感」）

映画は映画館で見る。テレビ画面で見る映画など私は映画とみとめない。とつぜんの断定のはげしさは、手紙の場合とおなじ。

ところが私の映画とのつきあいはというと、借りたり買ったりしたビデオやＤＶＤを居間のテレビか、ここしばらくは主として書斎のパソコンで見ているのです。もう二十年以上まえから、そんな見方が日常の習慣になった。

映画をもっとも集中して見たのは、高校時代から大学卒業後十年くらいまで。つまり一九五〇年代なかばから七〇年代のはじめにかけて。当時は二本立てや三本立てがふつうだったから、年に一五〇本ていどは平気で見ていたような気がする。もちろんどれも町の映画館で。そうするしかない時代だったのだから、これはとうぜん。

シネコンはもとより、いまの映画館は、そのほとんどが大きなビルの中にある。その上層階か地下。いきおい映画を見るにもエレベーターやエスカレーターを利用することになる。

でもむかしの映画館はビルの一部ではなく、たいていは、じかに地べたにせっした一戸建ての建物だった。おなじ一戸建てでも劇場や公会堂なら、入り口まで何段かの階段をもうけるのがつねだが、通常の映画館は道路から地つづき。ぶらぶら歩いて行って、そのまますっと入ることができる。私の住んでいたあたりでいえば、高田馬場の早稲田松竹、目白の白鳥座、池袋の人世坐、板橋の弁天坐など、みんなそう。

その地べたにたつ中小の映画館が、ある時期から、つぎつぎにすがたを消していった。

六〇年代から七〇年代にかけて映画の観客が激減し、八〇年代にはいるや、旧来の大手映画会社の伝統的商法（スタジオ・システム）までがあっけなく崩壊してしまう。自社のスタジオで専属監督が専属俳優をつかってつくった映画を日本各地の専属館で上映する。それがこのシステムの眼目だったから、その崩壊をきっかけに街の専属館やその他の映画館が消えてゆくのは、いわば必然のなりゆきだったのである。

そして消えゆく映画館にかわってビデオのレンタルショップが登場する。それが八〇年代の終わりちかく。

そのころ住んでいた荻窪の書店にもレンタルビデオのコーナーができた。そこの棚に高校時代にいちど見たきり、とうとう再見できずにいたエットーレ・ジャンニーニ監督の特異なミュージカル大作『ナポリの饗宴』のビデオを発見し、そのうれしさをきっかけに自宅でビデオを見る習慣が身についた。

つまりは映画館からビデオ中心への転向です。でも山田稔はちがう。この種の裏切りをかれはよしとしなかった。

映画にかかわる山田さんの文章では、エットーレ・スコラ監督の『特別な一日』にまつわる何層もの記憶をつづったエッセイが好き。いまはおなじ「特別な一日」というタイトルで、やはり同題の文集におさめられている。

一九三八年、ファシズム政権下のローマをナチス総統アドルフ・ヒトラーがおとずれる。その歓迎式典の日、住民たちが動員されて空っぽになった巨大団地に、スピーカーからファシストの歌「ジョヴィネッツァ」が大音量で鳴りひびく。そんななかで家事に疲れた主婦（ソフィア・ローレン）が、やはり居のこっていた独身の中年男（マルチェロ・マストロヤンニ）のやさしさに惹かれ「性的な関係」をもつ。男はじつはナチスの排斥する同性愛者で、その日のうちに逮捕連行されてしまう。主婦にとっても、男にとっても、そしてイタリアにとっても「特別な一日」がこうして終わった——。

一九七七年に公開されたこの映画を、おなじ年に山田さんは留学先のパリのクリュニー・エコールという映画館で見た。

見おわった後、カルチエ・ラタンのキャフェに腰をおろし、何時までも耳の奥に鳴りひびくナチス党歌やファシストの歌をつい口ずさみそうになりながら、一言ではいいあらわせぬ「特別な」感動をなにか辛い思いとともに反芻していたことを、いまもはっきりと憶えている。

ところがこの傑作が二年間の留学から帰国したのちも、なぜか日本ではいつまでたっても公開されないのだ。ようやく大阪のサンケイ・ホールで上映されたのが八年後の一九八五年三月。しかしこのときは見る機会を失し、「ふたたびみられまいと諦めていた映画」が、思いがけず同年五月に京都で上映されることになった。

……私はなにか因縁のようなものを感じた。どうかもう一度みてくれ、と映画の方から誘いをうけているような不思議な気持であった。二度みたら失望するかもしれぬといったためらいなど忘れ、私は映画にはもったいないほど美しく晴れた休日の午後、四条烏丸のシルクホールへ足を運んだ。（略）

帰りのバスの中で、空にはあかあかと陽の残っているのに早や夕暮れの冷気の感じられる風を頰にうけながら、私は耳の奥でまた鳴りはじめた「ジョヴィネッツァ」の旋律に聴き入っていた。いや、胸のうちで私は歌っていた。（略）

懐かしさが胸からあふれ出た。懐しいのはこの映画なのか、初めてそれをみたパリなのか、それとも少年時代におぼえたこの曲なのか、それは自分にもよくわからなかった。私はこの映画を二度みたことを悔いるどころか、大いに満足していた。たしかにこの日は私にとっても「特別な一日」であった。

何層もの記憶のいちばん底にあるのが「ジョヴィネッツァ」の旋律——と、そうきいても、八歳年下の私にはなんの感慨もないのだが、山田さんはそうではない。

一九三七年、日独伊三国防共協定調印。そのころ七歳か八歳だった山田少年は、自宅にあった「ジョヴィネッツァ」のレコードを盤がすり切れるほど聞き、リフレーンの「ジョヴィネッツァ、ジョヴィネッツァ」という箇所を、繰りかえし歌っていた。「ジョヴィネッツァ」はイタリア語で「若さ」や「青春」を意味し、「ファシズムにまつわるいまわしい記憶の数々がなければ、躍動する若さにみちあふれた、軽快なリズム」をもつ曲だった。

そして四十年後、パリの映画館でふいにこの曲にせっし、おさないころ、じぶんがおなじ歌を歌っていたことを思いだす。「ジョヴィネッツァ」が大音響で鳴りひびくなか、嬉々としてヒトラー歓迎式典に向かう団地の少年たち。まちがいない、かれらは私なのだ。

＊

山田さんは、パリの映画館で見た映画を八年後に大阪で見逃し、そのあと、ようやく京都の映画館で、ほとんど奇跡的に見なおすことができた。

ことほどさように、ビデオが広く普及するまでは、いったん見逃した映画を見たり、いちど見て感動した映画を見なおしたりするのは、けっしてやさしいことではなかったのです。なにしろ東京そだちの私ですら、高校生のとき感激して見た『ナポリの饗宴』をもういちど見るには、ビデオ時代の到来を待つしかなかったのだから。

インターネットはもとより、大阪の『プレイガイドジャーナル』（創刊は七一年）や東京の『ぴあ』（同七二年）にはじまる地域別の情報誌もない。そんな時代だったので、場末の三番館や名画座の情報は、新聞の上映案内や大きな駅の構内に設置されていたポスター壁、あとは映画好きの友人たちの「おい、例の映画、あそこでやってるぞ」といった報告に頼るしかなかった。

そうして知った上映館にバスや電車をのりついでたどりつく。いきおい映画と町と映画館がひとかたまりになって頭に焼きつくことになる。山田さんが『特別な一日』を語る文章で、ごく当たり前のように、町と映画館の名を一つ一つ明記しているのもそのせい。

ようするに映画館時代の映画とのつきあいは「一期一会」が原則だったのである。そこには、ここで見のがしたらもうあとはない、という緊張がたえずつきまとっていた。

そして、その緊張感に後押しされて、映画的な記憶力ともいうべきものが、いやおうなしに強化される。淀川長治、植草甚一、小林信彦、和田誠といった人たちの、映画の細部についての異様なまでの記憶力。かれらにつづく蓮實重彥や川本三郎や瀬戸川猛資たちもふくめて、あれはすべてビデオやDVDやネット動画以前の、町の映画館で鍛えたものだったのです。

そしてもうひとつ、映画館で映画を見るという行為（上映館をさがす、バスや電車に乗る、歩く、たどりつく、見る、あとで軽く一杯）には、山田稔のいう「自由の感覚」に裏打ちされた特有の孤独感がつきまとう。そうした感覚を、どうやらかれは一九七〇年代に留学先のフランスでしっかり身につけたらしい。すなわち、日本のような「同質社会」とはことなり、あくまでも個人を中心に成り立つ「異質社会」のフランスでは、

男も女も、老いも若きも、子供たちですら孤独を背負い、自立をねがいつつ他者との結びつきを失うまいとして生きている。私がパリの映画館のスクリーンでくり返しみたのはそのような孤独と連帯の間にゆれる人間のドラマだった。その感動を通して自立した個人像が私の胸のうちで美化され、それへの憧れがふくらんでいく。そしてその憧れ、あるいは郷愁をいだいて今日も映画館の暗がりへもどって行く。（「パリ――シネマのように」）


一九八九年から九一年にかけて、山田稔は朝日新聞大阪版の夕刊に、月二回の日録ふう映画エッセイを連載した。いま引用したのは、連載終了後、それを一冊にまとめた本（前記『シネマのある風景』）におさめられた文章の一節――。

この連載を依頼され、最初のうち、山田さんは「映画については公の場では書くまいと決めていた。映画は自分だけのためのささやかな楽しみに残しておきたい」とことわりつづけたらしい。

でも、たびかさなる熱心な依頼に、あとがきによると、ちょっとした「気のゆるみ」から、「身辺雑記のなかにちょっと映画の話がでてくる程度のもの」で、「最近、映画館でみたマイナーな作品（洋画）しか取り上げない」という条件をつけて引き受けることになったのだという。

つまるところ、映画は自分ひとりで映画館で見る——ひとりの「孤独」な人間が家をでて、映画を見たあと、近所の酒場やビヤホールで、たったいまスクリーンで出会ったばかりの、おなじように孤独な未知の人びととの「連帯」の味を反芻しながら、黙々と一杯やって帰宅する。そのプロセスのすべてが私にとっての「映画」なのだ。私はあくまでもその線でいくぞ。これはそういう宣言だったのだろう。

そしてこの宣言どおり、山田さんは、『モンテネグロ』『数に溺れて』『つながれたヒバリ』『旅する女』『父の恋人』『追憶の旅』といった「マイナーな作品（洋画）」を、京都のルネサンスホール、朝日シネマ、コマ・ゴールド、みなみ会館、大阪ではシネマ・ヴェリテ、近鉄小劇場、テアトル梅田、国名小劇《くにめい》、ホクテンザなどの、町中の小さな映画館（いまでいうミニシアター）で見てまわり、その体験を一篇の「身辺雑記」にまとめて新聞連載をつづけた。

その締めの一杯をもふくめて、たしかに映画館時代の「映画を見る」はそうした一連の行為をさしていたよな、と私も思う。そして、もしそれが「映画を見る」ことだとしたら、「ビデオは映画のうちに入れない」と山田さんがいうのは、しごく当然のことなのである。

ただし、そのような意味での山田さんの「映画」をささえていた映画館は、いまはほとんど消えてしまった。インターネットでしらべたら、これらのうち現存するのは国名小劇とテアトル梅田、京都みなみ会館の三館のみ（ただし京都みなみ会館は一時閉館）。のこりのほとんどは前世紀中に消えていったらしい。山田さんが『シネマのある風景』の中で早くもこうしるしていたように。

京都・四条大宮のコマ・ゴールドが惜しいことに九月末で閉館になった。そのぶんだけ大阪へ出かける回数がふえるとすれば、これはしんどい。そんな目までして映画をみる必要があるのか。気ままにみて、後で軽く一杯、それがわが映画道ではなかったか。（「善悪二重唱」）

それに、山田さんの惜しむコマ・ゴールドやその他の小映画館にしても、かれがこの連載をしていた一九九〇年前後という時期には、その多くがすでに一戸建てではなく、大小のビルの中におさまっていた。

こうした変わりゆく環境のもとで、映画館時代に身につけた、いまや古びつつあるかにみえる映画の見方を意地でも坦々とつらぬいてみせる。つよい自立心ゆえの「孤独」を背負ったまま「他者との結びつきを失うまい」と映画館にかよいつづける人間の意地。そういってもいい。

ワープロ書きの手紙や電子メールをこばみ、葉書であれ封書であれ、手紙はかならずペンを手にして紙に書く。そうでないと、遠くはなれた土地で自立心をもって孤独に生きる人たちと「こころが繋がらない」——これもおなじ意地のあらわれなのだろう。

でも私は意気地なしの裏切り者なので、もはやペンで手紙を書くようなことはしない。映画もおなじ。仕事部屋の灯りを消し、あろうことかデスク上のパソコンで見ている。

パソコンで見る映画にも電子メールにも、それでしか得られない利点がすくなからずある。しかし、そのことで私が味わう索漠たる孤独には、ざんねんながら、山田さんの「手紙を書く」や「映画を見る」にあるような、孤独な「私」と遠方にいる「他者」とのおだやかなつながりを生む力はない。おそらくはその弱みがあるからこそ、山田稔の文章を一抹のおそれとともにたのしむことができるのであろう。そう、八十二歳をとうにすぎてもなお、「マイナーな作品(洋画)」を見るべく、京阪のミニシアターめざしてゆっくり歩く山田さんのすがたを想像しながらね。

山田稔『八十二歳のガールフレンド』編集工房ノア、二〇〇五年
山田稔『シネマのある風景』みすず書房、一九九二年
山田稔『ああ、そうかね』京都新聞社、一九九六年
山田稔『特別な一日』朝日新聞社、一九八六年／『特別な一日――読書漫録』平凡社ライブラリー、一九九九年／編集工房ノア、二〇〇八年

9　それは「歴史上の人物」ですか？

敗戦後の本がない時代にそだったので、子どものころは、本は買ってもらうというよりも、どちらかといえば、友だちの家や近所のお兄さんから借りてくるものと思っていた。

その習性が七十歳をすぎたころによみがえり、いまはふたたび、本は買うよりも、おもに借りて読むものになっている。なにせ退職年金老人だからね、懐具合に強いられて余儀なく、という面もあるにはあるが、それとおなじくらい、いや、もしかしたらそれよりも、手持ちの本をもうこれ以上増やしたくない、という気持のほうがつよいかもしれない。

――といったしだいで、以前であれば書店に向かっていたはずの足が、近年は、ともすれば図書館のほうに向いてしまう。先日も近所の図書館で何冊か借り、行きつけのコーヒー店で、そのうちの一冊、柴田元幸の『代表質問』というインタビュー集をパラパラめくっていたら、ふいに、こんなやりとりにでくわした。

『一人の男が飛行機から飛び降りる』の前衛ナンセンス作家、バリー・ユアグローへの公開インタビューで、おなじアメリカの、たとえばジェームズ・サーバーなんかからの影響はないです

津野海太郎『ジェローム・ロビンスが死んだ』平凡社

か？　と柴田が問いかける。

ユアグロー　……もちろん大好きです。「ウォルター・ミティの秘密の生活」という、映画にもなっている、サーバーの短篇の中で一番有名なやつがありまして……

柴田　映画の邦題は『虹を摑《つか》む男』ですね。ええと、ケイリー・グラントでしたっけ……

ユアグロー　いや、そうじゃなくて、ほら……。

客席　ダニー・ケイ。

ユアグロー　そうそう、ダニー・ケイ。どうも（笑）。

あれあれ、おふたりとも、ダニー・ケイをよく知らないの？

ちょっとおどろき、いそいで「略歴」に当たると、柴田は一九五四年生まれで、ユアグローはその五つ上。したがって前者は私よりも十六歳年下。後者となると、ほんの十一歳しか下にすぎない。つまりは団塊世代とそのすこしあと。なのに、ほんとかよ、あのダニー・ケイの名がパッとでてこないなんて。

でもまあ、しかたないか。念のために、いちおう説明しておくと——。

ダニー・ケイは一九一三年生まれ。私にとっては父親の世代の天才的なボードビリアンで、三四年にはマーカス・ショーというレビュー一座とともに来日し、前年に開館したばかりの日劇（いまの有楽町マリオン）の舞台に立った。停電で真っ暗になった舞台に、大きなローソクを手にひとりで登場し、コミックソングやパントマイムでみごとに場をつないだという伝説がのこっている。

その後、ブロードウェイ・ミュージカルで売り出し、ハリウッドに招かれて、さきのふたりの会話にでてきた『虹を摑む男』の成功によって、だれもが知る映画スターになった。

私がこの映画を見たのは五〇年代はじめだから、まだ中学生のころ。当時は土曜の授業が午前中だけだったので、学校が終わると、したしい友人とつれだって、よく映画を見に行った。とくに好きで通っていたのが、アメリカ製の新旧の喜劇映画をこまめに上映していた板橋弁天坐という映画館――。

学校にちかい目白駅で電車に乗り、つぎの池袋のりかえ、板橋駅で降りると、駅裏の、まだあちこちに空襲の焼け跡がのこる原っぱの向こうに、赤い柱の映画館が見える。ローレルとハーディの「極楽コンビ」、アボットとコステロの「凸凹コンビ」、ビング・クロスビーとボブ・ホープの「珍道中シリーズ」、ディーン・マーチンとジェリー・ルイスの「底抜けコンビ」など、どれも、このガランと大きな映画館の木の椅子にすわって見た。そのひとつが、ほかならぬ『虹を摑む男』だったのです。

主人公のミティはパルプマガジンの編集者で、やかましい母親の尻にしかれた気弱な男なのだが、車を運転していても会議の最中でも、「ポケタ、ポケタ、ポケタ」という奇妙な音をきっかけに、とつぜん夢の世界にはいってしまう。そのデイ・ドリーム（白日夢）の中でミティ君はいつも、ミシシッピーの賭博師や空の英雄や早撃ちガンマンやカリスマ外科医など、颯爽たるヒーローに変身している、のではあったが……。

この映画で、ダニー・ケイの度外れに明るく達者な芸にはじめてせっした私は、たちまち魅了され、あとにつづく『ヒット・パレード』『アンデルセン物語』『ホワイト・クリスマス』『5つの銅貨』などの作品を、ひとつのこらず追いかけて見るはめになった。

ボードビリアンとしてのダニー・ケイの特技は、機関銃なみにモーレツな早口ソングと、それに合わせて顔面筋肉をフル動員し、秒単位で、めまぐるしく表情を変えてみせる「顔芸」――よく知られた出し物として、おそらく私は『ヒット・パレード』で見たのだと思うが、チャイコフスキーの『悲愴』第三楽章にのせて、五十一人のロシア人作曲家の名をわずか三十八秒で一気にまくしたてる「チャイコフスキー」があった。

同様の芸が『虹を摑む男』でも見られたし、『5つの銅貨』でのルイ・アームストロングとの「聖者の行進」のにぎやかな掛け合いもそう。ビートのきいた語りに近い早口ソングという点では、いまのラップに似ていないでもない。いってみれば、その爆笑寄席芸版である。

しかし、それにしても、まいったな。なにせ私より十歳かそこらしか年下でない方々が、これほどの人気者の名を、もうはっきりとは思いだせずにいるというのだから。

もっとも一九五九年製作の『5つの銅貨』ののちは、とくにめだつ作品もなく、さしもの人気者も、いつしか、ユニセフ親善大使とかニューヨーク・フィルとの共演イベントとかの、なかば引退した大物スターの席にゆっくりと移っていった。ようは、たまたま私の少年期がかれの全盛期にかさなったというだけの話で、柴田さんやユアグローたち、すぐあとにつづく世代の人びとにとっては、早くもライブ感を失った「歴史上の人物」と化してしまっていたということなのだろう。

――おや、「歴史上の人物」ときたか。それだって、けっこう古いコトバだぜ。

うん、いわれてみれば、たしかにそう。

ダニー・ケイがスクリーンでもっとも魅力的だった時代――つまり戦後すぐのころから六〇年まで、NHKラジオに「二十の扉」という人気番組があった。藤倉修一アナの司会で、宮田重雄（画家）、七尾伶子（声優）、大下宇陀児《うだる》（探偵小説作家）、藤浦洸（作詞家）といった常連メンバーが、「それは動物ですか？」「人間ですか？」「男ですか？」といった問いを二十回かさねて、かくされていた答えを当てる。そこに「それは歴史上の人物ですか？」という問いがよくでてきた。「歴史上の人物」というのは、ここからはやりはじめたことばだったのだ。

『虹を摑む男』に主演した当時はまだ三十代なかば――少年だった私の目にはあんなにも輝かしく映っていたダニー・ケイが、わずか十数年後には、ともすれば「それは歴史上の人物ですか？」と問われかねない、うすぼんやりした存在と化している。

その酷薄な現実に私はなかなか気づかない。でも、どこかの段階で、この場合でいえば柴田元幸のインタビュー本を読むなどして、おくればせながら、その事実に直面させられる。そして同様の体験をなんどか繰りかえすうちに、ふと気がつくと、私自身や、私と同年代の連中までが「歴史上の人物」になりかけていた。すなわち、じぶんの体験が早々と歴史のうちに繰りこまれ、それにつれて「私の時代」がしだいに後ろにずれてゆく……。

*

この「私の時代が後ろにずれてゆく」感覚を、二〇〇八年に平凡社から『ジェローム・ロビンスが死んだ』という本をだしたときにも、さんざんに味わわされた。

ジェローム・ロビンスは、二十世紀のアメリカを代表するバレエダンサー兼コレオグラファー（振付家）で、大衆文化の世界でも、ミュージカル『ウエスト・サイド物語』『屋根の上のバイオリン弾き』などの舞台や映画の振付家・演出家・共同監督として広く知られている。

ただし私がかれの名を最初に知ったのは、もっと古く、やはり中学生のころに繰りかえし見たジーン・ケリーやフランク・シナトラの『踊る大紐育《だいニューヨーク》』というミュージカル映画の――より正確にいうならば、一九四四年に盟友の作曲家レナード・バーンスタインとともに、そのもとになったブロードウェイ版『踊る大紐育』をつくった人物としてだった。つまり青少年期の夢見る私にとってのロビンスは、その軽快な明るさによってダニー・ケイやジーン・ケリーとならぶヒーローのひとりだったのです。

ところが、そのロビンスが一九九八年に七十九歳で死んだのち、たまたま目にしたアメリカのインターネット新聞の追悼記事で、半世紀まえ、かれが「赤狩《レッドハント》り」の密告者だったという辛《つら》い事実を、はじめて知ることになった。

――一九四七年というから、ちょうど『虹を摑む男』が公開されたのとおなじ年、米ソ冷戦が激化するなかで、アメリカ下院議会の非米活動委員会がＦＢＩと組んで、ハリウッドを舞台に、共産党員や元党員、その同調者たちを片っ端から摘発する大がかりな活動を開始し、三百人をこえる映画人や演劇人がハリウッドから追放された。

そして、その追悼記事によると、この陰惨な「赤狩り」がすすむなかで、元共産党員で、ブロードウェイで大ヒット中の『王様と私』の振付家だったロビンスが公開聴聞会の場に引きだされ、かつて党員仲間だった八人の映画人の名を告げていたというのだ。

——ええっ、まさか。

かんたんには信じがたい。でも、さらにしらべてみてわかった。私が知らなかったというだけで、これはまぎれもない事実だったのである。

しかしそれにしても、かれはなぜそんな裏切り行為に走ってしまったのだろう。『ジェローム・ロビンスが死んだ』は、そのなぞを解くといういわばミステリー仕立ての本なのだが、これを書いたとき私には大きな誤算がひとつあった。

映画『ウエスト・サイド物語』や『屋根の上のバイオリン弾き』が日本で封切られたのが一九六一年と七一年。前後してそれらの舞台版（劇団四季と東宝ミュージカル）も登場し、けっこうな評判になった。であるからには、と私は思った。とうぜんジェローム・ロビンスの名も、それなりの広がりで知られているのだろうな。とすれば、すべてとはいわずとも、そのうちのかなりのかずの人が、かれが「赤狩り」の密告者だったと知ったら、私とおなじように、きっとつよいショックをうけるにちがいない——。

ところが、そうではなかったのですね。本をだしてみてわかった。ずっと若い人たちはともかく、私よりすこし若いだけの団塊世代の人びとですら、ジェローム・ロビンスときいて「ああ、あの……」とピンとくる人のかずはきわめて少なかった。

「大きな誤算」というのはそのこと。なにしろ私としては「だれもが知っている高名な二十世紀人の意外な人生」式の本を書いたつもりだったのだから。しかもロビンスだけではない。前世紀なかばのハリウッドの「赤狩り」に関心をもっている人も、もはやほとんどいないらしい。誤算につぐ誤算。なるほどね、どうやら「私の時代」は、はるか遠い昔のことになってしまったらしいや。

そして、もうひとつ——。

これもこの本を書いていて知ったのだが、ジェローム・ロビンスとダニー・ケイは、じつは若いころ、なかなかにつよい縁《えにし》でむすばれていたのである。

一九三〇年代、ペンシルヴェニア州ポコノ山中の保養地で、毎夏、青年労働者むけのサマー・キャンプが催されていた。小さな劇場があり、まだ二十歳になるやならずの貧乏ダンサーだったロビンスは、そこで何年か、教師を兼ねるダンサーとしてはたらいていた。

やがてそこにダニー・ケイという若手コメディアンが加わってくる。かれの経歴でいえば来日から数年がたったころ。ロビンスより五つ年上で、おなじニューヨーク育ちのユダヤ系移民二世。ふたりはすぐに親しくなり、この劇場で、いくつもの社会風刺的な寸劇やダンスの小品を上演した。そして一九三九年、思いがけないできごとが起きる。かれらの寸劇をもとにしたミュージカルが、ブロードウェイの劇場で上演されることになったのだ。

この舞台をきっかけに、ダニー・ケイは、さらに格上のミュージカル『闇の中の女《レディ・イン・ザ・ダーク》』に出演し、例の早口ソング「チャイコフスキー」が大当たりして、ハリウッドへの道がいっきょに開かれる。

一方のロビンスは、このときはさしたる評価は得られなかったけれども、翌年、発足したばかりの「アメリカン・バレエ・シアター」のオーディションに合格し、『トロイのヘレン』や『ペトルーシュカ』などの舞台で、たちまちトップ・ダンサーのひとりとしてみとめられるようになった。

そして『踊る大紐育』をへて「赤狩り」へ――。

一九四七年十月、ナチス・ドイツからの亡命者で『三文オペラ』の劇作家ベルトルト・ブレヒトをもふくめて、十九人の急進的な映画人が非米活動委員会に喚問される。

――もしあなたが売国的な共産党員でないなら、あなたの知っている党員や同調者の名をあげてください。もし拒むなら、あなたを共産主義者とみなします。

それから十年以上もつづくことになるハリウッドの「赤狩り」の開始である。

この脅迫に対して、ジョン・ヒューストン、ウィリアム・ワイラー、ジーン・ケリー、ハンフリー・ボガート、ローレン・バコール、ポール・ヘンリードたち、おおくの映画人がアメリカ憲法の「修正第一条〔言論・集会の自由〕支持委員会」という抗議運動に結集し、資金カンパのための大集会をひらく。そこで司会役として開会のあいさつに立ったのが、ほかならぬ『虹を掴む男』のミティ君、いまや堂々たるスター俳優になったダニー・ケイだった。

「ぼくがここにいるのは、アメリカ憲法と権利章典《ビル・オブ・ライツ》〔修正第一条をふくむ人権保障規定〕のためです。ぼくはこのふたつを信じているし、非米活動委員会と称する者によって、これが破壊されようとしていると信じるからです」

しかし、このスターたちの運動は、「修正第一条」をタテに非米活動委員会への協力を拒む者とは再契約しない（＝解雇・追放する）というハリウッドのボス連合（映画製作者協会）の最後通告をうけて、あっけなく崩れてしまう。少数の例外をのぞいて、スターたちのほぼ全員がこの通告に屈し、重苦しい沈黙のうちに閉じこもることになったのだ。ヒューストンもボガートも、そしてわが愛するダニー・ケイも。

この屈服をよしとしない者は通告どおり、情け容赦なくハリウッドを追われた。あやうく家族とともに国外に逃れた者もいたし、投獄や自殺に追い込まれた者もいた。

こうした混乱のなかで、委員会の喚問はいっそうはげしさを増し、『ジョルスン物語』の新進スターだったラリー・パークスや、『紳士協定』のアカデミー賞監督エリア・カザンにつづいて、ジェローム・ロビンスがせっぱつまった裏切りに走らされる。その背後には、右翼コラムニスト、エド・サリバン一派による執拗な脅迫（「おまえが非米的な同性愛者だということを暴露するぞ」など）があったといわれる。

＊

それにしても、どうして私はあの時期（二十一世紀ゼロ年代のなかば）に、『ジェローム・ロビンスが死んだ』という本を書いたのだろうか。

いまものべたように、ロビンスの裏切りのうちにあったはずの、そうそう単純には割り切れないであろう動機のすべてを知りたい――それが直接の理由だったのはたしかだが、でもそれだけではない。知りたいと思う私のうちには、それなりに切迫した「おそれ」があったのである。

二〇〇一年九月十一日の同時多発テロののち、アメリカ合衆国で、イスラム教徒へのヘイトクライムが急増し、排他的な星条旗愛国主義の空気がまたたくまにひろがってゆく。ナチズムのドイツ、ファシズムのイタリア、スターリニズムのソ連、軍国主義の日本だけではない。民主主義を国是とする今日のアメリカにおいてすら、なにかあれば、国をあげての「非国民」排除の熱狂的な動きが、かんたんに起こってしまう。

アメリカがそうなら戦後の民主日本だっておなじ。もしこの国が再度そんな状態におかれたとして、はたして私に「ロビンスやカザンのようなふるまいは決してしない」と言い切ることができるかどうか。たとえいまは「できる」と思っていても、いざその場に立ったら、どうなるかわかったもんじゃない。古稀をすぎた市井の一老人までがふとそんなふうに考えてしまう。「私の時代」とは、どうやらそういう時代でもあったらしい。

そして、さらにいうと、なのに「いまの人」は、ダニー・ケイの「チャイコフスキー」はともかく、ハリウッドの「赤狩り」にも、まったくなんの関心も持っていないように見える。「それでホントに大丈夫なの？」というのもまた、この本をだしたあとで私がいだいた「おそれ」の一部分だったのです。

ところが、この本から十年がたち、あろうことか、この国でも「反日」や「非国民」といった、とうの昔に死語になったはずのイヤなことばが公然とよみがえってきた。

そのため、かつては「私の時代」のものだった「ことによったら裏切るかもしれない私」へのおそれを、「いまの人」までがやむなくいだきはじめたがごとき気配がある。二〇一七年、たてつづけに刊行された『赤狩り』と『君たちはどう生きるか』というふたつの漫画にせっして、ようやく私はそう感じるようになった。

そこでまずは山本おさむの『赤狩り』について——。

この漫画は二〇一七年五月、『ビッグコミックオリジナル』で連載がはじまり、つい最近、その四か月分が本になった。完結時には、ウィリアム・ワイラーの『ローマの休日』篇、エリア・カザンの『エデンの東』篇、そして、おそらくは『猿の惑星』（一九六八年）篇の三部からなる、かなりの大作になるらしい。この稿を書いているいまは、第一部『ローマの休日』篇がそろそろ終わりに近づきつつある。

ワイラーは、「赤狩り」開始の前年に『我等の生涯の最良の年』でアカデミー賞をうけた大物監督だったが、ＦＢＩの監視下におかれたハリウッドで仕事をするのをきらい、なかば集団亡命のように、おおぜいのスタッフをひきつれてヨーロッパに渡った。

そこで撮った『ローマの休日』のシナリオを匿名で書いたのが、非米活動委員会によって投獄された最初の十人《ハリウッド・テン》のひとりだったダルトン・トランボ。このふたりを軸に、『ローマの休日』という作品の特殊な成り立ちや、かくされた主題を、さまざまな角度から照らしてゆくというつくりになっている。

つづく第二部『エデンの東』の監督エリア・カザンは、「赤狩り」に対する最強の防波堤という期待に反して、古いつきあいの友人たちの名を非米活動委員会に「売って」しまう。

権力による強制、世間の空気、あからさまな暴力などによって、それまでのじぶんの考えを捨て、親しい人びととの信頼関係を裏切るように迫られたら、はたして私たちはどうふるまえるのか。その三つの例を漫画にしかできないしかたで示してみせる。おそらくはそんな作品として完結するのであろう。それにしても、よもやこの時期になって、こんな「そのものズバリ」の漫画がでてくるなんて、想像してもいなかったな。

そして同じ年の八月、こんどは吉野源三郎の原作による羽賀翔一の『君たちはどう生きるか』という漫画が、マガジンハウス社から刊行される。

主人公は中学二年生のコペル君で、かれが体験した「あるできごと」と、かれにあててしるされた若い叔父さんの「ノート」によって構成されている。ここではくわしく紹介している余裕がないので、その「あるできごと」だけにしぼって、ざっと要約しておくと――。

登場するのはコペル君とその三人の友人、優等生の水谷君、行動派の北見君、貧しい家にそだった温和な浦川君。その浦川君を同級のいじめっ子があくどくからかい、一本気な北見君が怒ってその同級生に平手打ちをくらわせる。それをきっかけに四人が仲よくなり、なにかあったらみんなで立ち向かおうという約束をかわす。

その一方で、いじめっ子の兄の上級生グループが北見君をつけねらうようになり、ある雪の日、とうとう北見君をつかまえて殴る蹴るの制裁をくわえ、「他にも仲間がいるなら出てこいっ!!」とどなる。浦川君と水谷君は思いきって進みでるが、コペル君はその場に立ちつくしたまま。こわくて出てゆく勇気がなかったのだ。

——ぼくは約束を守れずに、みんなを見捨てた。そして、みんなから見捨てられた。

山本おさむ『赤狩り』1
小学館

原作・吉野源三郎、漫画・羽賀翔一
『漫画 君たちはどう生きるか』
マガジンハウス

後悔に押しつぶされたコペル君は病気になり家に閉じこもってしまう。そんな状態がしばらくつづいたのち、心配した叔父さんとの会話から、ようやくコペル君は友情回復への一歩を踏みだす……。

すぐわかるように、ここにも、権力による強制や脅迫に直面した人間がどうふるまうか、という主題が見てとれる。「赤狩り」との比較でいえば、「学校の規律を乱すな」と腕力をふるう上級生グループは非米活動委員会に、一本気な北見君はダルトン・トランボに、水谷君や浦川君はウィリアム・ワイラーに当たるといっていいだろう。ではコペル君は？　さしずめ裏切りののち、じぶんはまちがいをおかしたという苦しい自覚によって、ようやく『ウエスト・サイド物語』で再生の一歩を踏みだすことができたジェローム・ロビンスといったところか。

こうした漫画の売り上げが四か月で九十五万部をこえ、同時に刊行された原作の新装版も二十四万部にたっしたというのである。合計して百十九万部。いちどは引退宣言をして「歴史上の人物」になりかけた宮崎駿も、おなじ原作にもとづくファンタジーのアニメ化にとりかかったらしい。

原作者の吉野源三郎には、戦前、治安維持法違反で逮捕された経験がある。その後、一九三七年に、みずからを編集現場の長とする「日本少国民文庫」の一巻として新潮社から刊行されたのが、この『君たちはどう生きるか』だった。

私はこの漫画版のことを、筑摩書房のＰＲ誌『ちくま』での斎藤美奈子の連載「世の中ラボ」ではじめて知った。この回のタイトルは「なぜいま『君たちはどう生きるか』なのか」――なかで斎藤が「だけど八〇年も前の本でっせ」と、こうしるしている。

一九三七年に一三歳だったコペル君たちは、学徒動員の世代に当たる。彼らのような少年たちが六〜八年後には戦争に動員されて命を落としたのである。にしても、なんという時代になってしまったのか。偏狭な国粋主義に抗うために、『君たちは……』が求められる時代が来るとは思ってもみなかったよ。

私のような老人だけでなく、「いまの人」までが「ことによったら裏切るかもしれない私」へのおそれをいだきはじめている。それが全面的にいいことだとは、とてもいえないのである。

柴田元幸『代表質問―16のインタビュー―』新書館、二〇〇九年／朝日文庫、二〇一三年
ジェイムズ・サーバー『虹をつかむ男』鳴海四郎訳、早川書房、二〇〇六年／ハヤカワepi文庫、二〇一四年
津野海太郎『ジェローム・ロビンスが死んだ――ミュージカルと赤狩り』平凡社、二〇〇八年／小学館文庫、二〇一一年
山本おさむ『赤狩り――THE RED RAT IN HOLLYWOOD』(『ビッグコミックオリジナル』連載中) 第一巻、小学館、二〇一七年
羽賀翔一『漫画　君たちはどう生きるか』吉野源三郎原作、マガジンハウス、二〇一七年
斎藤美奈子「世の中ラボ92」『ちくま』二〇一七年十二月号

10　古典が読めない！

私がある本をえらぶのか、それともある本が私をえらぶのか。いずれにせよ、近ごろは、じぶんとおなじ年ごろの七十代から八十代ぐらいの人たちが書いた本を手にとる機会が、めだって増えてきた。

いまのいま、そうである人たちの本だけでなく、そこには、かつて七十代から八十代だった過去の人たちの著作もふくまれる。ただし時代をさかのぼるにつれて、こうした区分けなど次第にどうでもよくなってくるのもたしか。だって、ちょっと後ろにもどれば平均寿命五十歳の時代だぜ。そんな時代に生き死にした漱石や鷗外が老人であろうとなかろうと、そんなこと、もうどうでもいいじゃないの。

そして時代をさらにさかのぼると、行きつくところは古典——。

古典では、その本が歴代の読者とともに生きた時間の質量が、年齢にとってかわる。つまりは本そのものが老人なのだ。老人は老人同士、なんだか、いいつきあいができそう。そこで多くの人が、このさき年をとったら、こころやすらかに古典をひもといて暮らしたいものだ、などとね

堀田善衛『誰も不思議に思わない』筑摩書房

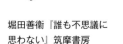

がうようになる。老人になるまえの私にもそうした傾きがなかったとはいえない。

ところが、いざじっさいに年をとってみると、なかなか思ったようにはいかんのですよ。われわれ新老人をニヤニヤと皮肉な目つきで待ちかまえている難関がいくつもある。その最大のひとつが「古典が読めない！」という難関——ざんねんながら、現今の老人には、古典をぐいぐい読みすすめる力がみごとに欠けているのである。

ここでいう「現今の老人」とは、敗戦の年に小学校に入学した私からあとの、戦後教育をうけ、そのまま年老いてしまった人びとをさす。占領下の日本でものごころついた私の場合でいえば、小学校から高校まで、習字や漢文もふくめての本気の古典教育をうけたという記憶がまったくといっていいほどない。その点にかんするかぎり、私のあとにきた人たちだって、だいたいは似たようなものなのではないかな。

その結果、いまや少数の専門家をのぞく日本人の大多数が、古典を自在に読みこなす能力を身につけそこなったままでいる。でもわれわれ以前の人たちはかならずしもそうではなかった。たとえば——このところ私は、若いころ好きだった堀田善衞が老いたのちにだした本をまとめて読んでいるのだが、なかの一冊、一九八九年刊の『誰も不思議に思わない』という随筆集に、こんな場面がでてくる。


……臼井〔吉見〕氏と本居宣長の話をしていたとき、私はまだ〔本居宣長の〕『古事記伝』なるものをのぞいたこともなかった。それでこの著作について臼井氏に訊ねた。

「まだ読んでいないの。それは惜しい。あれは探偵小説のように面白いよ。是非読んでみたまえよ」

と臼井氏が言ってくれた。（略）かくて私は、その一言につられて、『古事記伝』を読んだ。それは本当に古事記という謎にみちた古典神話を、いかにして正確に読むかという（略）宣長が全智全能をかたむけた一大推理なのであった。その全智全能のかたむけ方が、読んでいると肉体的なまでに快くなるのである。

臼井氏のあの一言がなかったら、おそらくいまでも私は、『古事記伝』などは敬して遠ざかっていたことであろう。（「この十年（続々々々）」）


臼井吉見は堀田より十三歳上の一九〇五年生まれ。いまは知らない人がほとんどだろうが、旧制松本高校時代からの親友だった古田晁《あきら》とともに筑摩書房を創設し、戦後を代表する総合雑誌『展望』編集長として活躍した高名な編集者・評論家で、のちに谷崎潤一郎賞をうけた『安曇野』などの作家でもあった。

こう書けばおわかりでしょう。くやしいけれども、われわれとはちがう。臼井や堀田にかぎらず、かつては大学のそとの作家や評論家たちまでが、こんな会話をごく当たり前に交わしていたのです。

堀田についていうならば、『古事記伝』こそ読んでいなかったけれども、かつて、明日のいのちも知れない戦中派青年のひとりとして、『方丈記』や『応仁記』などの、戦乱や天災や飢饉が

あいつぐ乱世の産物ともいうべき一連の古典を、切迫した思いで読みつづけた経験があった。そうしたなかで、

戦時中の、まだ学生であった頃に、定家卿の『明月記』（明治四十四年、国書刊行会本）を入手して、ぼつぼつとあの難読そのものと言うべき、和製漢文の日記を読みはじめていたことがあって、冷泉為臣氏編になる時雨亭文庫の第一冊目も入手していたのであった。（『故園風來抄』）

ところが、その「文庫」刊行がふいに中断され、戦争が終わったのちも、いっこうに続刊の気配がない。それが為臣氏の戦死のせいだったということは、あとになって知った。「まことに冷泉家は定家卿以来、『紅旗征戎吾ガ事ニ非ズ』で、戦乱とは直接如何なるかかわりももたない、和歌の家であった」のに、と堀田はこの「古事記から万葉集へ」という文章でしるしている。

この文章をおさめる『故園風來抄』は、朝日新聞出版刊『冷泉家時雨亭叢書』の月報連載を一冊にまとめたもので、一九九九年に集英社から刊行された。

『冷泉家時雨亭叢書』とは、冷泉家という名だたる「和歌の家」が八百年にわたって保存してきた膨大な蔵書（自筆本・写本・古文書など）を写真版として集録したもので、全七十二巻。そこにはとうぜん藤原定家自筆の日記『明月記』もふくまれていた。堀田の連載も、おそらくはかれの旧著『定家明月記私抄』につながる依頼だったのだろう。（巻数は『故園風來抄』刊行時の予定。

その後全一〇〇巻、別巻四が刊行された)

この連載は、日本の古典をめぐる短めのエッセイをほぼ時代順につづるという趣向で、『懐風藻』『文華秀麗集』『万葉集』にはじまり、『竹取物語』『伊勢物語』『源氏物語』『古今集』などをへて、『新古今集』『梁塵秘抄』『土佐日記』『愚管抄』『日本霊異記』『徒然草』『応仁記』『狂雲集』と書きつがれ、一九九八年、連載が三十二回目の「一言芳談抄」になったところで、著者の死によって中断される。けっきょく、これが堀田善衞の最後の著書ということになった。

すると連載のはじまったのが一九九二年だから、これは八十歳で没した堀田が七十代後半に書いた本ということになる。

当初から、かれは、この連載であつかう原典のすべてを読むか、読みなおすかしようと決めていたらしい。もちろん、ざっと読みとばすとか、ときには必要な箇所にしぼって読んだりもしたのだろう。でも基本的には、「日本霊異記の全説話と付き合うことはなかなかのことであったが」などとグチをこぼしながらも、最後まで所期の目標をつらぬきとおすことができた。

それにしても、七十代後半から八十歳といえば、いまの私とまったくおなじ年ごろだぜ。死を目前にしたそんなよれよれ老人が、どちらかといえば軽いエッセイ連載のために、これだけの重労働をなんとかこなしてしまう。いまとなってはもはや絶滅寸前というしかないが、しばらくまえまでは、こうした荒わざを平然とやってのける人たちが私たちのすぐそばに生きていた。そして堀田はまぎれもなくそのひとりだったのです。

＊

堀田にかぎらず、かれの身近な友人たち――たとえば敗戦の二年後、『1946 文学的考察』で華々しく登場した加藤周一、中村真一郎、福永武彦の「三秀才」（と冗談で呼ばれた）も、日本の古典に、ある点では専門の学者以上に深くつうじていた。

加藤周一の『日本文学史序説』（戦後はじめての本格的な日本文学通史）が『朝日ジャーナル』に毎週連載されていたのが一九七三年から七八年にかけて。連載のさい、かれはおびただしいかずの作品を原典で読み、あまつさえ、そのころ教えていた欧米各地の大学での講義のために、重要な箇所を、そのつど英語やフランス語やドイツ語に翻訳していたのだとか。

中村真一郎も終生、平安文学や江戸期の漢詩文を読むことをやめなかった。そういえば私にも大学にはいってすぐのころ、刊行されたばかりのかれの『王朝の文学』という本を読み、『源氏物語』をプルーストにかさねて読むという離れ業にせっして、よくわからないままに、ちょっとびっくりしたおぼえがあるぞ。

ふたりの友人ほどには深入りしなかったようだが、福永武彦も、つね日ごろ、ごくふつうに日本の古典にせっしていたらしい。『椿説弓張月』『東海道中膝栗毛』といった江戸末期のベストセラーをめぐる読書随筆などのほかにも、『古事記』や『日本書紀』や『今昔物語』の現代語訳がいまにのこされている。

多かれ少なかれ古典にしたしんでいたという点では、かれらよりもいくらか年長の坂口安吾や太宰治たち、いわゆる「無頼派」の人びとや、花田清輝や大西巨人や長谷川四郎などの左派の文人たちでさえも例外ではなかった。

そののちも、いちじるしく減ったとはいえ、『日本文学史早わかり』の丸谷才一、『戯作者銘々伝』の井上ひさし、『文車日記——私の古典散歩』の田辺聖子のように、身辺に古典をおいて暮らす作家たちがまだいくらかはいたのである。しかしその井上も二〇一〇年に、二年後の一二年には丸谷才一までが世を去ってしまう。かれらにすぐつづく私と同世代の作家では、そうねえ、せいぜい『仮往生伝試文』の古井由吉がいるぐらいじゃないかな。

ただしだからといって、私のように、しょぼくれて吐息をついている者だけではない。「古典が読めない」作家にも、読めないなりに、いや読めないからこそできることがあるはずだ。そんな希望的確信を大胆に現実化してみせたのが、二〇一四年、丸谷たちのあとをつぐかのように、「池澤夏樹＝個人編集」と銘打って登場した河出書房新社版『日本文学全集』だった。

父の世代の作家たちが身につけていた古典の分厚い教養が、息子の世代になると、ほとんど跡形もなく失われてしまっている。これはやっぱりまずいよ。なにはともあれ、みずからの無知無能に抗して、小説家や詩人にしかできないしかたで古典をいまに復活させてみようじゃないか。作家にしかできない古典復興。つまりは生きのいい現代語訳を——と、そう最初に呼びかけたのが福永武彦の息子の池澤夏樹だったというのも、たいへん印象的だった。

しかし、なにせ「古典が読めない」のである。そんなハンパな人間がどうやって現代語訳の作業にとりかかればいいのだろう。

そこで、そのお手本、というよりテストケース、もしくは新全集発刊にあたっての派手なオープニング・ショーとして、まずは呼びかけ人の池澤夏樹が、じぶんで全集第一巻の『古事記』現代語訳を実地にやってみせることにした。

――私だって『古事記』を自力で読みこなせるわけではない。でも、いまは専門家による新しい研究や注釈がいくらも見つかるからね。それをたよりに、「書く人間」としての作家がそれぞれにきたえてきたことばの力で、古典を読みこなす。そうやってはじめれば、まあ、なんとかなりますよ。

そしてじっさい、池澤訳『古事記』の冒頭におかれた「この翻訳の方針――あるいは太安万侶さんへの手紙」という文章によると、かれはこんなふうに仕事をすすめたらしい。

現代語訳の基礎として使ったのは本居宣長の『古事記伝』という礎石の上に構築された西郷信綱さんの『古事記注釈』です。読み下しについてもテクストは西郷さんのものに依りました。正直に申し上げると、学識なきぼくが作った脚注の多くは西郷さんの説を踏襲したものです。まこと先達《せんだつ》はあらまほしきかな。先達と立てるどころか簒奪《さんだつ》だと西郷先生に叱られるかもしれませんが。

こうやって仕上げた『古事記』を皮切りに、これまで古典とまともにつきあったことのない作家たちが、池澤とおなじようなやり方でいっせいに現代語訳にとりくみ、いまもそれが継続中――。すなわち、川上弘美訳『伊勢物語』、江國香織訳『更級日記』、中島京子訳『堤中納言物語』、角田光代訳『源氏物語』、町田康訳『宇治拾遺物語』、伊藤比呂美訳『日本霊異記』、古川日出男訳『平家物語』、いとうせいこう訳『曾根崎心中』、円城塔訳『雨月物語』などなど。

そこで引用をもうひとつ、こちらは同書巻末におかれた池澤の「解説」から。『古事記』には、それまで口頭で伝えられてきた「語り」の「寄せ集めが整理不十分なままこの本になった」印象があるとして、

> 〔しかし〕統一がとれていないからこそ、混乱の中に彼らの息吹が感じられる。これ以上整理してしまっては何か大事なものが失われると〔編者の〕太安万侶はわかっていた。（略）
> そう考えると、本居宣長が慎重な手つきを精一杯だいじにしたことの意味もわかる。壊れ物を壊さないように次の世代に手渡す。西郷信綱も同じように『古事記』を丁寧に扱った。
> その末席に自分も連なっている、とぼくが言えればよいのだが。

どちらの引用にも本居宣長の『古事記伝』がでてくる。そう、かつて堀田善衞が臼井吉見におしえられて読み、「いかにして正確に読むかという（略）宣長が全智全能をかたむけた一大推理」と感嘆したあの本です。その『古事記伝』をひきついで戦後の日本文学研究を代表する大学者、西郷信綱がまとめあげた『古事記注釈』という大著を手に、こんどは池澤夏樹が『古事記』に接

近していった。

そして、その池澤の呼びかけに応じて、あやうく途切れそうになった「古典読み」の伝統を、いまの世代の作家たちが現代語訳というしかたでよみがえらせ、それを「次の世代」に手渡そうとしている。ひとつの理想を有形無形のグループの力によって社会に肉化する。という意味では古典ルネサンスをめざす文学運動の一種。それにしても、いまのような時代に、とつぜんこんな運動がはじまるとはね。まったく思ってもいなかったよ。

＊

いや、すこしちがうかな。いま「とつぜん」と書いて気づいたが、池澤編『日本文学全集』の出現は、もしかしたら、かならずしも「とつぜん」といったものではなかったかもしれない。

日本文学全集『古事記』
池澤夏樹訳、
池澤夏樹＝個人編集、
河出書房新社

というのも、じつはこれとおなじ時期に、古典の現代語訳という領域で、いくつかの新しい動きが生じていたからです。そこでまっさきに思い浮かぶのが伊藤比呂美訳による仏経典や中世の民衆的な「語りもの」。すなわち二〇〇四年の『日本ノ霊異《フシギ》ナ話』にはじまり、『読み解き「般若心経」』、『たどたどしく声に出して読む歎異抄』、『新訳 説経節』をへて、『日本文学全集』に収録された説経節「かるかや」や『日本霊異記』や『発心集』などにいたる雄渾な流れ——。

なかでも個人的には『新訳 説経節』からうけた衝撃が大きかった。

この本におさめられた「わたしの説経節」という文章によると、一六〇〇年前後、神仏のご利《り》益《やく》や縁起伝説をタネに、「最初はお寺の門前で、それから、辻々で、あるいは門々《かどかど》で、(略)僧《そう》形《ぎょう》じゃない説経節語りが大傘を広げて、その下でささらをすりすり、語っていた」土俗的な語りもの。それが説経節です。

その説経節を、三十年前のある日、ふと手にとった平凡社の東洋文庫で知り、以来「説経節には惚れ抜いてまいりました」(同書「前口上」)とのべる伊藤比呂美が、そのうちの「小栗判官」「しんとく丸」「山椒太夫」の三作を現代語訳したのが『新訳 説経節』という本になった。

この三作のうちでは「小栗判官」にとりわけつよい印象をうけた。なにはともあれ、まずは以下の引用を読んでみてください。

——ゆえあって都から東国に追放された貴公子「小栗」が、郡代の娘「照手姫」と愛し合うようになる。その後、あれこれあって殺された小栗は地獄に落ちた。だが、やがて足腰の立たない餓鬼のすがたのまま蘇生し、ご利益を願う人びとが代わる代わる引く粗末な車にのせられて、はるか熊野本宮をめざす陰惨な旅をつづける。
「一引き引けば、千僧供養。二引き引けば、万僧供養」——
その長い長い道をたどる「道行き」とよばれる場面のほんの一節です。

どこまで行くかとたずねれば、〈九日峠《ここのかとうげ》〉はここですか、
坂はなくても〈酒匂《さかわ》〉の宿《しゅく》よ、
〈おいその森《もり》〉をえいさらえいと引き過ぎて、
はや〈小田原《おだわら》〉の町に入り、狭い小路に下馬《げば》の橋、
〈湯本《ゆもと》〉の地蔵を伏し拝み、
〈足柄《あしがら》〉〈箱根《はこね》〉はここですか。
〈山中三里《やまなかさんり》〉、四つの辻。〈伊豆《いず》〉の〈三島《みしま》〉や浦島や、
〈三枚橋《さんまいばし》〉をえいさらえいと引き渡し、
流れそうで流れぬ〈浮島が原《うきしまがはら》〉……

念のために、おなじ箇所を伊藤比呂美が用いたであろう東洋文庫版から引いておくと、
末をいずくと問いければ、九日峠は、これかとよ。坂はなけれど、酒匂《さかわ》の宿《しゅく》よ、おいその森を、えいさらえいと、引き過ぎて、はや、小田原に、入りぬれば、狭《せば》い小路に、けはの橋、

湯本の地蔵と、伏し拝み、足柄、箱根は、これかとよ。山中三里、四つの辻、伊豆の三島や、浦島や、三枚橋を、えいさらえいと、引き渡し、流れもやらぬ、浮島が原……

くらべてみればわかるように意外なまでに原典に忠実な訳文なのです。ただし大きな相違がひとつ。訳文では、この「道行き」の部分だけが散文ではなく、詩のような「行かえ」になっていること。

そのため、原典の「これかとよ」が細かい活字組みのテキストに埋もれてしまっていたのに対して、訳文では、随所にあらわれる「ここですか」の繰りかえしが、めざましい効果を発揮する。もちろん「ここですか」という訳語もすばらしい。でもそれだけではなく、的確な「行かえ」によって、この訳語がくっきりと目立つものになっている。

――なるほど、これは研究者にはむりだ。詩人だからこそできる芸当だろう。

と、ほとほと感心させられた。

しかも、どうやらこれは詩人の感覚だけに頼ってそうしたわけではないようなのです。さきにふれた「わたしの説経節」というエッセイによると、「惚れ抜いた」のが運のつき、池澤同様に伊藤比呂美も先人たちの手を借りて、テキストをしつこく読み込んだらしい。したがって感覚と、それに加うるに思わず知らずのめりこんでしまった猛勉強ですな。その結果、「これかとよ」にかぎらず、説経節では同一の決まり文句が繰りかえし使いまわされていることがわかった。

たとえば、語りが感情的にもりあがるときの、「あらいたはしや」「流涕《りゅうてい》焦がれ嘆きたまふ」とか、移動するさいの「犬の鈴、鷹の鈴、轡《くつわ》の音がざざめいて」「お急ぎあればほどもなく」とか。「これとかや」や、もちろん「えいさらえい」もその一種――。

ようするに、パクリやなぞりの行為が平然とおこなわれているのだが、「しかしまた、そこがいい」と伊藤はいう。

同じじゃんと心でつっこみながら、くり返していくうちに、声が、ほかの声と合流して、大きな流れになって、とうとう声の文化という大海に流れ込んでいくような気がするんです。この〔同一のフレーズや〕ブロック〔の反復〕があるからこそ、語る方もつるつると語っていける。組み合わせればいいからです。独創性など、あまり必要としません。聴く方も安心して身を任す。ブロックごとに既知の感情を思い出して、いっしょに悲しみ、いっしょに歩き、やがて、いっしょに立ち直ることができる。

これはあとでまた触れることになると思うが、じつは私にも以前、おなじ東洋文庫版『説経節』をけっこう熱心に読んでいた時期があった。

ただし、いまにして思うと、読むには読んだのだが、この延々とつづく「道行き」の箇所などは、さして気にもせず飛ばし読みしてしまったような気がする。なにしろストーリーには直接かかわらない、いってみれば、おなじようなフレーズの単調な「組み合わせ」ですからね。それを活字で組まれた散文で読んでも、私たち現代人の脳には眠たくなるほど退屈としか感じられないのである。

しかし本来は、この退屈な「道行き」こそが「語りもの」としての説経節のいわばキモだったのではないだろうか。と、そう伊藤は考えた。いや、そのていどの認識は私にだってあったのです。しかし頭ではわかっていても、からだがついていかない。だからこその眠たくなるほどの退屈――。

そこを伊藤比呂美は現代詩人の手のうちにある「行かえ」のワザによって突破しようとところみ、それに成功した。活字組みの原典ではあれほど退屈だった「道行き」が、ひいては説経節という中世の「語りもの」の底ふかくに埋もれていた力が、伊藤の現代語訳によって、堀田善衛のいう「読んでいると肉体的なまでに快くなる」ものとして、みごとに掘り起こされたのです。

（この項つづく）

堀田善衛『誰も不思議に思わない』筑摩書房、一九八九年／ちくま文庫、一九九三年
堀田善衛『故園風來抄』集英社、一九九九年
加藤周一『日本文学史序説（上・下）』筑摩書房、一九七五年、一九八〇年／ちくま学芸文庫、一九九九年
中村真一郎『王朝の文学』新潮叢書、一九五七年／新潮文庫、一九五八年
池澤夏樹＝個人編集『日本文学全集』河出書房新社、二〇一四年〜
伊藤比呂美『新訳 説経節――小栗判官・しんとく丸・山椒太夫』平凡社、二〇一五年

11　現代語訳を軽く見るなかれ

せっかく老人になったのに古典を自在に読みこなす力がない。しかし、そんな私にだって、伊藤比呂美のように、活字化された「説経節」をそれなりに気を入れて読んだ経験がないではないのですよ。という意味のことを前章にちょっと書いた。今回はそこから――。

いまはむかし、一九七〇年代もそろそろ終わりに近くなっていたが、私もその一員だった演劇集団「黒テント」が、「物語る演劇」と銘打って、喫茶店や河原や大学構内の小空間で、戯曲ではなく、詩や小説や童話を地の文ごと演じてしまう出前芝居（呼ばれたらどこにでもでかける小型演劇）のシリーズをつづけていたことがある。斎藤晴彦と福原一臣という、いまは亡きふたりのタフな俳優が、隣国の詩人、金芝河《キムジハ》の『源氏物語』をもじった長編風刺詩『糞氏《ふんし》物語』を、そのまま掛け合いで演じてみせるとかね。

ほかにも『宮沢賢治旅行記』とか、内戦で殺されたスペインの詩人、ガルシア・ロルカの作品をコラージュした『ラ・バラッカ』とか、いろいろやったうちのひとつに説経節の「小栗判官」

荒木繁・山本吉左右編注
『説経節』平凡社・
東洋文庫

があった。

それにしても、あのころなぜ「小栗判官」だったのだろうか。

いま思いかえすと、この時期——一九六〇年代の後半から七〇年代にかけて、それまでの対話や会話中心の近代劇に物足りなくなった演劇人たちの一部が、それとは別の演劇のすがたをもとめて、いっせいに近代以前の社会にあった民衆的な「語りもの」への関心を深めていった。そんな「時代の空気」とでもいったものが濃厚にあり、たぶんそれが私たちの背中を押していたのだろう。

具体的にいうと、この関心から、平家琵琶や義経伝説にもとづく秋元松代の『常陸坊海尊』(一九六七年初演)や、宮本常一の『忘れられた日本人』による坂本長利のひとり芝居『土佐源氏』(同)に端を発し、早稲田小劇場の鈴木忠志と白石加代子による『劇的なるものをめぐってII』(七〇年)などをへて、木下順二の『平家物語』にもとづく群読劇『子午線の祀り』(七九年)や、黒テントの「物語る演劇」の集大成ともいうべき『西遊記』(八〇年)あたりにまでつづく演劇の流れが、じっさいに生じていたということ——。

それにもうひとつ、「小栗判官」にしぼっていうと、一九七三年に、前記の東洋文庫版『説経節』(荒木繁・山本吉左右《きちぞう》編注)が平凡社からでて、それに刺激されたという面もあったにちがいない。なにしろ伊藤比呂美とおなじく、私も、ほかの何人かの演劇人たちも、この本ではじめて「小栗判官」「信徳丸」「山椒太夫」などの説経節のテキストにせっし、すくなからぬショックをうけていたのだから。

そしてさらに踏み込んでいうなら、この東洋文庫版『説経節』の刊行は、演劇以前に、まずは日本文学研究の領域に生じた新しい波のあらわれでもあった。そのことをつよくアッピールしてみせたのが、巻末におかれた山本吉左右の解説「説経節の語りと構造」です。

この解説はのちに「口語りの論」というより大きな論文に成長してゆく。そこで以下はそちらによって話をすすめると、この論の勘どころは、説経節の語り手（＝歌い手）たちはなにも物語をまるごと暗記していたわけではない。いまものこるゴゼ歌やイタコがそうであるように、かれらはそのつど、既成の「決り文句や口語りの単位を自由に運用しながら物語を構成」していたのだという発見にあった。

「記憶の経済」という点では、それは既成のユニットを組み合わせてつくる現今のプレハブ建築に似ている、と山本はいう。ただし、

……プレハブ建築の各ユニットはそのために新しく生産されたものだが、口語りの決り文句は師匠がかつて具体的な物語として語ったものの断片であり、この点からは廃物なのである。口語りはその廃物をさまざまなコンテキストの中で生かすのである。（「口語りの論」）

たとえば「一引き引けば、千僧供養。二引き引けば、万僧供養」という例のフレーズの場合、もとはといえば城普請で重い石をはこぶさいの「車引き」の歌だったものが、説経節の「小栗判官」では、地獄からよみがえり餓鬼阿弥と化した小栗を車にのせて熊野にむかう「道行き」の場

面で使われる。ところが、おなじ説経節でも「山椒太夫」では、おなじ文句が、のこぎりで罪人の首を「引き切る」処刑の場面に平然と流用されていたりするのだ。ことほどさように――。

と山本の論は、こうした「説経節の語りと構造」を、つまりは説経節の「つくり方」や「おぼえ方」を、おおくの実例とデータ分析によって子細に解きあかしてくれた。

――口承文芸《オーラル》などと、つい気軽にいってしまうけれども、文字の助けなしに、どうやってかれらはこんなに味のこい物語をつくりあげ、どうやってそれを記憶しつづけていたのかしらん。なんとなくそうふしぎに思っていた私などは、一読、パッと目をひらかれる思いがした。いや、けっして読みやすい文章ではないのですよ。でも我慢して読むうちに、

――よおし、これまでだれもやらなかったことを、とうとうやってのけたぞ。

と意気ごむ筆者の声がどこからともなくきこえてくる。さきに「新しい波」といったのはそういう意味なのである。

しかも、これはあとになって知ったのだが、この新しい波は、かならずしも山本ひとりの力で生じたものではなかった。

この「口語りの論」（＝「説経節の語りと構造」）をふくむ「語りもの」研究の成果を、のちに『くつわの音がざざめいて』という論集にまとめたさい、そのあとがきに、山本は「この間、私をはらはらとしながら見守って下さっていたのは、二人の師、西郷信綱先生［おや、またしても］と廣末保先生であった」としるしている。

山本吉左右は私の三歳上で、私とおなじ六〇年代に大学生活をおくった。かれの場合は法政大

学文学部の大学院だったが、そこで先生として出会ったのが西郷（古代文学）と廣末（近世文学）のふたりで、中世文学専攻だった山本も、かれらによって古い「語りもの」への関心をはじめて植えつけられたらしい。

とりわけ、かつてイギリスの大学に籍をおいていたことのある西郷信綱の影響が大きかった。そう推測するのは、イギリスをふくめての当時の英語圏で、文字以前のオーラルな文芸の「語りと構造」の研究が着々とすすんでいたからです。

そして、そのかなめの位置にあったのが一九六〇年に刊行されたアメリカの比較文学研究者、アルバート・ロードの『物語の歌い手（The Singer of Tales)』という本。——この本でロードは、古代ギリシャの吟遊詩人ホメロスが文字のない世界で、どのようにして『イーリアス』や『オデュッセイア』のような複雑な長編叙事詩をつくりあげ、それを語りつたえることができたのか——その「つくり方」や「おぼえ方」を明快に解きあかしてみせた。

おそらくは若き山本吉左右も西郷のもとでこの本を読んだのでしょうね。そして、そこからまなんだ新しい研究手法を、長い時間をかけて、説経節や幸若舞などの中世日本の「語りもの」にあざやかに適用してみせた。それがじつはあの解説だったのではなかろうか。断定はしませんよ。ただのシロウトの勘です。

＊

そして、これもまた勘にたよっていうのだが、おそらく伊藤比呂美もこの山本の解説を読んでいたのだと思う。伊藤は「先人たちの手を借りて、テキストをしつこく読み込んだらしい。(略)その結果、(略)説経節では同一の決まり文句が繰りかえし使いまわされていることがわかった」と前章で私はのべた。その「先人たち」がさしのべた「手」の一本が、じつはこの解説だったのではないだろうか。

ただし伊藤は「女の詩人」で、私のような「男のインテリ」ではないから、おなじ説経節でも読み方がちがう。あたまだけでなく、じぶんの人生も、身ぢかな人びとや動植物との関係も、すべてをひっくるめて、からだごと説経節に突っ込んでゆく。たとえば「わたしの説経節」(『新訳説経節』)冒頭のこんな一節——。

苦の多い人生を送ってきました。
結婚は何回もしましたし、男の苦労も、子の苦労もさんざっぱら。支払日は通帳かかえて右往左往してますし、ここ数十年は他国に流離し、ビザの苦労にことばの苦労、老いた親を看取る苦労もありまして……。自業自得とはいいながら、苦労の国から苦労の宣伝販売にきたようなもんだ、それが日々の暮らしか、人生かと観念していますけれど、それはわたしだ

伊藤比呂美『新訳 説経節』平凡社

けにあらず、事情こそ違え、女と生まれたからには、みなそうかも。で、つらいときに、思わず知らず口ずさむのが説経節のちょっとしたフレーズです。

ここでいう「ちょっとしたフレーズ」とは、ことわるまでもなく、いまもふれた「えいさらえい」や「心は二つ、身は一つ」などの山本いうところの「断片」——つまり流用可能な決まり文句のこと。

あるいは「しんとく取って肩に掛け」もそう。伊藤のいいかえでは「しんとく丸を抱き上げ、自分の肩に寄りかからせて、一歩、一歩を、町の方に歩き出していきました」となるが、ふつうなら天秤棒や連尺（背負子《しょいこ》）を「えいや」とかつぐさいの決まり文句が、説経節「しんとく丸」では、ヒロインの乙姫が目を病んだ恋人のしんとくをサポートする場面で使われている。その流用の異様さが生むはげしさを伊藤は見逃さなかった。

……親の反対にも負けずに、親を説き伏せ、旅に出て、苦労して、やっと見つけたしんとく丸を、むんずとつかんで、肩にかつぎあげ、支えて、ともに町に向かって歩き出します。その踏み出す一歩一歩が、たくましいこと、この上もない。「おひめさま」という設定なので、つい可憐な美人を思い浮かべますが、もしかしたら、レスラーのように筋骨のりゅうとした女だったのかもしれないのであります。(「わたしの説経節」)

もうだれにも頼れず、親も子も男も、ひとりでひきずっていくしかなくなったとき――そういう目にはなんども遭遇したが、そのつど、この「しんとく取って肩に掛け」というフレーズを口ずさんで、じぶんを元気づけ、立ち上がった、と伊藤はいう。

「そうなんです、説経節の女たちは、みんなわたしだった。苦労している女はみんな言うでしょう、これはわたし、と」

なんのかんのいっても私は男だから、伊藤とちがって、なかば自動的に、説経節の物語を小栗やしんとく丸や厨子王たち、病んで壊れて落魄した男たちの側に感情移入して読んでしまう。ましてや説経節を最初に読んだころは、まだ三十代で、おまけにひとり身の中年男でしたからね。なさけないかな、かれらを懸命にささえる照手姫や乙姫や安寿を、型どおりの、けなげで可憐な女性とだけ理解し、彼女たちの「隆々たる筋骨」のたくましさのほうにはまったく気づかずにいた。

そして半世紀のち、そんな認識のまま伊藤比呂美の現代語訳や「わたしの説経節」にせっしてガクゼンとした。とうぜんだろう。むかしとはちがい、いまや私も「哀れにも無惨な状態になり果て」、私の照手たちによって「むんずとつかんで、肩にかつぎあげ」られる半幽霊、伊藤いうところの「ゾンビ」まがいの存在になってしまっているのだから。

冒頭で申しあげたように、わたしは女として、男を知り、男に期待し、失望し、絶望もし、男とともに、子作りも子育てもしてきました。その結果、男とは、とても魅力的に見え、社会的にはたくましく、有能そうに振る舞っている人たちも、本質的には餓鬼阿弥のような存在であるという感想を持つにいたりました。これは、定義ではなく、むしろ、わたしの知ってる男たちはみんなそうだった、そういう男こそ魅力的だったという個人的な感想にすぎません。(「わたしの説経節」)

これを読んで年老いたひとりの男としてどう思うか。

——まいった。しかし基本的には異論なし。よくもまあ、ズバリといってくださった。おかげで頭がスッキリしましたよ。

そして、そのスッキリした頭であらためて考えてみると、青年や壮年諸氏はともあれ、いまやまぎれもない老人となった男たちは、じつはそう指摘される以前から、「強くてよく働く」女たちにくらべて、われわれはまさしく「餓鬼阿弥のような存在」であったなと、ひしひしとそう感じざるをえなくなっていたのである。あんがい早くその事実に気づき、だったら残された短い時間を餓鬼阿弥なりにどう生きていこうかと、私にかぎらず、みなさん、むっつりと黙りこんだ腹の底で、それなりに必死で考えているのではないかな。

いまや一老耄《ろうもう》と化した男の感想はここまで——。

いそいで伊藤比呂美にもどると、これほどまでに全身で説経節にのめりこんでしまえば、プロの詩人や小説家として、あとはもう、じぶんで「わたしの説経節」をつくるしかない。

そこで、いくつかの小さなこころみをかさね、そこから、二〇〇五年に長編詩『河原荒草《アレクサ》』、二〇〇七年に「語りもの」ふうの長い小説（かな？）『とげ抜き——新巣鴨地蔵縁起』という、前世紀末から日米間をあわただしく往来してきた母親（『とげ抜き』では伊藤しろみ。東京下町そだちなので「ひ」が「し」になってしまう）と複数の子どもたち（その代表が長女のよき子）の体験にもとづく、二十一世紀版「説経節」ともいうべきふたつの異形の傑作が生まれてくる。

一方、読者としての私はというと、本がでてすぐのころに『とげ抜き——新巣鴨地蔵縁起』を読み、だがこのときはあえなく中途で挫折した。

そして、それから十年ほどのち、古本屋でみつけた『新訳 説経節』に手もなく感心させられ、感心のあまりいくつかの箇所を原典と読みくらべ、いきおいにのって『河原荒草』を読んだら、それがまた途方もなくおもしろかった。そこでもういちど『とげ抜き』に挑戦し、なんであのとき私はこの本が読めなかったのだろうと怪訝に思いながら、いまもちびりちびりと読みつづけている。老来、とみに集中力がおとろえ、このような高密度のテキストとなると、時間をかけてゆっくり読むしか手がないのです。

＊

——むかしとちがって、いまの日本人には古典を読む力がいちじるしく欠けている。そのことをみとめた上で、それでも信頼できる注釈本と古語辞典の力を借りて、なんとか原典で読むようにしたほうがいい。現代語訳でつるつる読んだって読んだことにはならんよ。

それがまっとうな忠告であることはわかります。しかし、だからといって、現代語訳をあたまからアンチョコなみの実用品や代用品とみなしてしまうのは、いまの私にはむずかしい。断じるに十分な実力に欠けるという私的な事情もあるが、それだけではない。現代語訳のもつ意味が、つまりは原典と現代語訳とのかかわりのしかたが、この十年ほどのあいだにいくぶんかなりとも変化しはじめた。そんな気配がたしかに感じられるからです。

その変化のさまを如実に示したのが池澤夏樹編集の河出版『日本文学全集』だったが、ほかにもいくつかの兆候がみつかる。その先駆的な、そしてもっとも強力なひとつが、ここまでのべてきた伊藤比呂美による説経節や、それに先だつ、般若心経、白骨（蓮如の御文章《おふみ》）、観音経などの仏典の現代語訳。このことはもう繰りかえすまでもないでしょう。

これまで古典の現代語訳は、おもに学生向けの参考書として専門研究者の手にゆだねられてきた。その場合はあくまでも原文が中心で、現代語訳は注釈とともに小さな活字で組まれる。

もうひとつ現役の文学者による現代語訳があって、こちらは原文や注釈なし。それだけで一冊の本になっている。ただし、れっきとした作品というよりも、だいたいは古典につよい小説家や詩人や評論家が一般読者むけに訳した啓蒙的な教養書として出版されていた。

そして、こうした参考書や教養書としての現代語訳にくらべると、池澤夏樹や伊藤比呂美といった人たちの新訳には、いくつかのめだったちがいのあることがわかってくる。

まず第一に、現代語訳にとりくむのが、研究者や古典につよい文学者（たとえば佐藤春夫、石川淳、福永武彦のような）ではなく、おおかたの読者と同様に、ろくに古典を読んだこともない、ただのシロウトであること。池澤や伊藤もふくめて、河出版『日本文学全集』に参加した作家たちも、ほぼ全員がそちらの側に属する。

第二に、したがって伊藤訳が典型的にそうであるように、古典を「わたしの経験」によって読み込む傾きがつよい。イタリアの作家、イタロ・カルヴィーノにならっていうと、かれらもまた「古典を読んで理解するためには、自分が『どこに』いてそれを読んでいるかを明確にする必要がある。さもなくば、本自体も読者も、時間から外れた雲のなかで暮らすことになる」（『なぜ古典を読むのか』）とつよく感じているのです。

そして第三に、いまの世界に生きる作家の体験とコトバの技術をもちいて、原典の構造に、しばしば思いきった工夫をくわえていること。伊藤比呂美が「道行き」にほどこした「行かえ」もその一例だが、おなじ技法が、やはり詩人でもある池澤夏樹訳の『古事記』冒頭の「国生み」と、それにつづく神々の系譜リストの箇所でも、いっそう複雑なしかたで駆使されている。

そこで地上に戻って、前と同じように天の柱の回りを廻った。
そしてまずイザナキが、
「ああ、なんていい女なんだ」と言い、それに続いてイザナミが、
「ああ、なんてすてきな男」と言った。

こう言い終えてから性交を行った。それによって生まれたのが、まず
淡道之穂之狭別島（アハヂ・ノ・ホノサ・ワケのシマ）、次が
伊予之二名島（イヨ・ノ・フタナのシマ）。
この島は身は一つだが顔が四つあった。それぞれの顔に名前があって、
伊《い》予国《よのくに》は愛比売（エヒメ）と言い、
讃《さぬ》岐国《きのくに》は飯依比古（イヒヨリ・ヒコ）と呼び、
粟国《あわのくに》は大宜都比売（オホゲツ・ヒメ）と称し、
土《と》左国《さのくに》を建依別（タケヨリ・ワケ）と言う。……

このあと十ページにわたって神々の系譜が延々とつづく。したがって説経節の「道行き」がやはりそうであったように、原文でも現代語訳でも、読む者は退屈して、たいていは、つい読みとばしてしまう。

ところが、これを巧みに「行かえ」してしるすと、それだけのことでつよいリズムが生じ、おなじ記述が、読む者のこころを深々と揺する「読む語りもの」に変貌する。その変貌ぶりたるや、こんな簡単なテクニックなのに、なぜこれまでやってみた人がいなかったのだろう、とふしぎに思えてくるくらい。

しかし考えてみれば、原典に忠実であることを旨《むね》とするアカデミックな世界の研究者に、この種の思いきった、いってみれば乱暴な変貌をもとめるのは、もともとむりな話なのです。その役割はかれらでなく、べつの世界の、べつの基準でうごく人たちの手にゆだねたほうがいい。となれば、いまのところ、専門的な意味ではシロウトだが、ことばの世界ではクロウトの詩人や作家がその役を担うしかない。「いまのところ」というのは、いずれどこかから、その仕事を専業とする書き手があらわれてくるかもしれないから。

ただし実際にそうなるかどうかはだれにもわかりません。いまのところ、はっきりいえるのは、私たちの社会に、

――シロウトにしかできない現代語訳を、おなじシロウトである読者がたのしむ。

というあり方をよしとする空気が生まれる気配がようやく見えてきた、というところまで。

シロウトといっても、なにも素手で原典にとりくむわけではない。いまじぶんが生きている場で、じぶんの知らない遠い過去に生まれたテキストとまともに取り組むには、伊藤比呂美や池澤夏樹が現にそうしたように、専門の研究者たちのすぐれた仕事にたよるしかない。『日本文学全集』に参加したほかの作家たちも、かならずや、おなじような努力をかさねたにちがいないので

す。

そして、こうして生まれた現代語訳では、読者はそれを古典のたんなる「代用品」ではなく、それ自体を、もともとの作者、おおくの研究者、そして現代の詩人や作家——その三者の力がひとつに縒り合わされた「それだけでも自立しうる作品」として読むことができる。

その点では、諸外国の詩や小説やエッセイを翻訳で読む場合とおなじ。

私たちは外国語では本が読めない。読めても、せいぜい一カ国か二カ国語。たとえ英語やフランス語が読めても中国語やスワヒリ語は読めない。そこで、たとえば『西遊記』は岩波文庫の中野美代子訳で読むことになる。

同様に、モンテーニュの『エセー』を宮下志朗訳で、マーク・トウェインの『ハックルベリー・フィンの冒けん』を柴田元幸訳で、カフカの『城』を池内紀訳で、フィッツジェラルドの『グレート・ギャツビー』を村上春樹訳で読み、それでその作品を読んだことにする。わざわざそう決めなくとも自然にそうしている。なにしろそうするしかないのだから。

とすれば、古典がうまく読めなくなった私たちがそれ自体で充実した「作品としての現代語訳」を必要とするようになるのは、とうぜんのなりゆきなのです。

とはいうものの、日本の古典は外国語ではなく日本語で書かれているから、そこからさかのぼって、多少の努力をすれば、原典を「信頼できる注釈本と古語辞典の力を借りて」読むこともできる。もしも、そうした欲求をかきたてる力をひめた新訳がさらに増えてゆくなら、「古典が読めない！」という私たちの悲鳴は、かつて存在した古典教養のゆたかさからの劣化のあかしではなく、私たちが古典とのあいだに新しい関係をきずく号砲に変わるかもしれない。
そうなるという確証はもちろんないです。でも、できればそうなってほしい。私たちだけでなく、この先、いっそう古典が読めなくなるにちがいない未来の私たちのためにもね。

伊藤比呂美『新訳 説経節——小栗判官・しんとく丸・山椒太夫』平凡社、二〇一五年
荒木繁・山本吉左右編注『説経節』平凡社・東洋文庫、一九七三年
山本吉左右『くつわの音がざざめいて——語りの文芸考』平凡社選書、一九八八年
Albert B.Lord, *The Singer of Tales*, Harbard University Press,1960.
伊藤比呂美『河原荒草』思潮社、二〇〇五年
伊藤比呂美『とげ抜き——新巣鴨地蔵縁起』講談社、二〇〇七年／講談社文庫、二〇一一年
イタロ・カルヴィーノ『なぜ古典を読むのか』須賀敦子訳、みすず書房、一九九七年／河出文庫、二〇一二年
日本文学全集『古事記』池澤夏樹訳、河出書房新社、二〇一四年

12　八十歳寸前の読書日記

この原稿が十二回目だから、連載をはじめてちょうど一年たった勘定になる。そして、いまは二〇一八年三月の半ばすぎ。あと一か月ほどで私も八十歳の誕生日をむかえる。傘寿《さんじゅ》ですな。それやこれやで、今回は小生の八十歳寸前日記におつきあいいただくことにした。いまどきの「アラ・エイティ」はどんなふうに本とともに暮らしているのか。そのとびとびの現場報告といったところ。

まずは、すこしさかのぼって、

＊

一月二十二日（月）

今日から銀座で「平野甲賀と晶文社展」がはじまる。大雪予想におびえながら会場のｇｇｇ《スリージー》

『平野甲賀・ggg Books』
DNP文化振興財団

（ギンザ・グラフィック・ギャラリー）へ。しかたない。オープニング・パーティの余興として、平野とトークショーをやることになっているのだもの。

gggは大日本印刷がはじめた大きなギャラリーで、二十年まえ、三階の会議場で『季刊・本とコンピュータ』創刊の記者会見をやった。そのおなじ場所で、雪のなか、あつまってくれた百人をこえる人たちをまえに、神楽坂から小豆島に移住した傘寿の友・平野甲賀と五年ぶりの対面。おたがい、ちょっと歳とった感なきにしもあらずだが、まあまあ元気そう。

六〇年代はじめ、発足してまもない小さな出版社が、思いきって、ひとりの若いデザイナーに自社のヴィジュアル面のすべてを託すことにした。

そこからはじまる晶文社での仕事を軸に、描き文字をへて「コウガグロテスク」書体のデジタルフォント化まで、かれのデザイン私史をボソボソとたどる。私はその質問役。中村勝哉（社長）も小野二郎（最初の編集者）も長田弘（三人目）も、私（二人目）をのぞくと、創業期の、くせのつよいメンバーはことごとくいなくなった。だから私が話し相手をつとめるしかないのです。

終わり近くなって、小豆島に行ったら仕事の依頼がいっぺんに減ってさ、と平野がぼやく。

小豆島のせいじゃないよ、きみが「えらい人」になったんだよ、と私。だれだって「えらい人」とつきあうのはしんどいぜ。むかしはおれたちもそうだったじゃん。

そして「えらい人」は、ビジネスの前線からすこしずつ遠ざかり、よりファンダメンタルな仕事に向かう。平野の場合でいえば、いまもいった「コウガグロテスク」がそのひとつ。漢字（簡体字でいうと汉字）の国、中国ではこの書体のファンだという若いデザイナーが増えているのだとか。現に、この会場にも中国のフォント会社の人たちが来て、中国版「コウガグロテスク」をつくる相談をしていた。あまり金にはならんだろうけど、きみの晩年の仕事、けっこういい線をいってるじゃないの。

パーティ会場でｇｇｇの方に刊行されたばかりの平野甲賀の作品集をもらう。Ｂ６判の瀟洒な本で、一ページに一点ずつ描き文字による装丁が五十三点。平野には「文字というカタチへの絶対音感」といったものがあるらしく、どんなに奔放にデフォルメしてもカタチの芯が崩れない。ぴたりと明快に決まっている。コウガグロテスク化された簡体字。おもしろそう。ぜひ見せてほしい。

二月六日（火）

正月からぽつぽつ読んできた堀田善衞の『定家明月記私抄』を、ようやく読み終える。以前、途中まで読んでやめてしまっていた作品。それが読めた。あとにまだ「続篇」が待っているけれども、ともあれめでたい。

ただし私の「ぽつぽつ読み」は、じつはこの本だけではない。歳をとるにつれて一気読みの体力が失われ、以前なら夜を徹して読んだはずの傑作ミステリーでも、途切れ途切れにしか読めなくなった。ようするに軽めのエッセイ集や対談本などをのぞくと、最近の私は、ほとんどの本をぽつぽつとしか読んでいないのです。

しかも、その「ぽつぽつ」の間隔が、多少なりとも厚い本や硬い本だと、一日どころか、一週間も一か月も空いてしまう。そうなると、ストーリーや理屈のすじをたどることさえままならない。気がつくと、いたるところに大量の傍線をほどこすようになっていた。

もちろん傍線はこれまでも引いていたのですよ。でもそれはじぶんが大切だと思う箇所にかぎって。したがって、いってみれば攻めの傍線。

でも、いまはそれだけでなく、たんにストーリーの曲がり角や理屈の展開をチェックするためだけに、めったやたらに傍線を引いている。なにしろ長い道のいたるところに仮の道標をおくみたいなものだから、とても攻めとはいえない。じぶんの読書を、すさまじい忘却のいきおいからまもるための、せっぱつまった自衛措置としての傍線である。

しかし、これはかならずしもわるいことではない。

何日か何十日かあと、途切れた読書を再開するたびに傍線の周辺を読みなおすので、現代読書に特有の「早読み」の性癖にがんじがらめになっていた私にも、思いがけず古風な「おそ読み＝反復読み」ができるようになった。ただの負け惜しみではない。なんといっても、そのおかげで、

堀田善衛
『定家明月記私抄』
正続篇、ちくま学芸文庫

以前なら投げだしたままになってたかもしれない『定家明月記私抄』が、ちゃんと読めたのですから。

堀田によると、これまで読みとおした者がほとんどいなかったという長大な藤原定家の日記から、源平の争いにはじまり承久の乱にいたる動乱の世を生きた一宮廷人の鬱屈した日々を、こつこつと読み解いてゆく。そんな悠々たる作品を「早読み」でこなせるわけがない。なのにそれが読めた。ぼけの効用ならん。なんであれめでたいじゃないの、とうそぶくゆえんです。

二月八日（木）

みすず書房のPR誌『みすず』の表紙裏にのる小沢信男のコラム「賛々語々」を、毎号、たのしみに読んでいる。私同様、世間には、そんな人がかなりの数《かず》いるみたい。

軽くひねりのきいた時事文のあたまと末尾に、小沢さんがどこかから見つけてきた「名句」が合わせて二句、配置される。それがこのコラムの決まりで、最新号では「初湯殿卒寿のふぐり伸ばしけり」という阿波野青畝《あわのせいほ》の句が冒頭に引かれ、「じつは筆者の私が目下この歳でして」とつづいてゆく。

「九十歳。なにがめでたい」それはその通りですよ。水洟は垂れるは、物忘れが募るは。せめてふぐりを伸ばしてみたところで、すぐ側に伸びるのをとんと忘れ果てた奴がいる。

こいつの来し方なども、思い返せば微苦笑です。ささやかに不器用に、空振りも重ねつつ、その折々は夢中だったよなぁ。それやこれやに、もはや寛容になっていいのだな。

うっかり忘れていたけれど、小沢さんは私の十一歳上。その私が七十九歳だから、そうか、小沢さんもいよいよ卒寿《そつじゅ》なのか。と思っていたら、その小沢さんから久方ぶりにメール到来。

――先ごろ、「仕事旅行」というところからインタビューを受けたので、ちらと覗いておいてください。

さっそく指定されたアドレスに接続したら、そこに明るく笑う小沢さんの顔写真があった。そばに歌う高田渡の写真もあったので、クリックしてYouTubeにとび、かれの名曲、菅原克己の詩による「ブラザー軒」をききながら、小沢さんの一代記インタビューを読み、メールで感想をのべがてら、やはりYouTubeにアップされている「平野甲賀と晶文社展」の対談映像のアドレスを貼りつけておいたら、すぐに見てくださったらしい。

――あの雪の日に「こんなに人が集まったとは。内澤旬子も来てたのか」「ユーチューブは、いまやすごい表現分野になっているのだなぁ」。

たしかにすごいわ。なにしろ遠出が億劫になった卒寿と傘寿の二老人が、会わずして会えてしまうのだから。しかも、私はともかく、相手はあの名だたる下町散歩派の小沢さん。はじめて会ってから五十年余、こんなデジタル老年をともに迎えるとは想像もしていませんでしたよ。

（このコラム連載の七年分が『俳句世がたり』という岩波新書になっています。いちおう念のために）

二月十五日（木）

レイ・ブラッドベリの『火星年代記』（小笠原豊樹訳）再読。――とはいっても、むかし読んだのは一九六三年刊の「ハヤカワ・SF・シリーズ」版だから、はじめて読むのとおなじ。いやはや、こんなおっかない小説だったのか。完全に忘れていたな。

――二〇〇一年、国家的な植民プロジェクトによって、おびただしいかずの人びとが、なだれを打って火星に移住してゆく。この大移動の裏には、せまりくる核戦争への不安と、もうひとつ、独裁化した国家の監視と統制のもとで生きることの息苦しさがあった。かれらの多くは、もはやエドガー・アラン・ポーの名すら知らない。そりゃそうだ。ポーの本など、何十年もまえの「大焚書」によって、あとかたもなく抹消されてしまったのだから。

……〔大焚書の〕最初は、小さなことから始まった。一九五〇年や六〇年頃には、一粒の小さな砂にすぎなかった。かれらは、まず、漫画の本の統制から始めた、それから探偵小説の統制、もちろん映画におよんだ、いろんなやりかたで、つぎつぎとね。（略）〝政治〟ということばを恐れたんだ（このことばは、結局、いっそう反動的な連中のあいだでは共産主義と同じ意味になったっていうことだから）。

『火星年代記』の刊行は、作中で「大焚書」のひそかなきざしが始まったのとおなじ一九五〇年。

このころ、ブラッドベリの生きる現実のアメリカ合衆国では、マッカーシズムによる「赤狩り」（恣意的に「反米」のレッテルを貼って気にそわない者を根こそぎ摘発する）の強風が吹き荒れていた。

それに加うるに核戦争――。

冷戦のさなか、一九四六年のアメリカの原爆実験にはじまり、五〇年代をつうじて米英ソの核実験が相つぐ。五四年のビキニ環礁における水爆実験では第五福竜丸が被爆し、その衝撃のまっただなかで『ゴジラ』が封切られた。――と書いて、ようやく気がついた。なるほど、『火星年代記』というのは、あの『ゴジラ』とまったくおなじ時代の産物であったのだね。

そして、それから半世紀がたった二〇〇五年、『火星年代記』の世界では、こんな悲痛な呼びかけを最後に地球からのラジオ放送が途絶える。

貯蔵原爆ノ不時ノ爆発ニヨリ濠大陸ハ粉砕サレリ。ロサンゼルス、ロンドンハ爆撃ヲ受ク。戦争勃発ス。帰リキタレ。帰リキタレ。帰リキタレ。

さいわいにして現実の世界ではこんな悲鳴はきかずにすんだが、その後も、強化された核兵器の開発に原子力発電所の乱立がかさなり、核の科学と技術にささえられた地球「爆発」の悪夢は、加速度的にリアルさをましている。それどころではない。二十一世紀にはいるや、信じがたいことに、よそ者や異なる考えの人びとの監視と統制という独裁的な政治手法が、またたくまに世界中にひろがってしまった――。

いったんは忘れることもできた『火星年代記』だが、ここまでくれば、もう忘れることはできまい。二十世紀の悪夢はいまもつづいている。ざんねんながら、この世界は『火星年代記』を時代おくれにしてしまう方向には変わってくれなかったのだ。

ブラッドベリ『火星年代記』
ハヤカワ文庫

三月八日（木）

近所の図書館に行くと、先月二十日に九十八歳でなくなった金子兜太のコーナーができていた。小さなテーブルの上にかれの著書が十数点ならんでいる。なんの気なしに、そのうちの一冊、『他界』という本をめくっていたら、思いがけない人の名が目にとびこんできた。

瀬田貞二――この連載で以前（第三章）、子どものころ好きだった平凡社の『児童百科事典』について書いた。その百科の実質的な編集長だった人物。トールキンの『指輪物語』やC・S・ルイスの『ナルニア国ものがたり』の名訳者といえば、もっとわかりやすいかもしれない。

それにしても、なぜ金子兜太の本にかれの名がでてくるのだろう。

わきにあったベンチで読んでわかった。瀬田は東京帝大時代のかれの「先輩」だったのである。敗戦後、金子は激戦地トラック島の生き残りの一人として帰国し、日本銀行に復帰する。だがその空気になじめず、しばらく故郷の家で呆然と日を送っていたら、思いがけず瀬田が訪ねてくれ、いっしょに奥秩父に旅をして古い旅館で夜を徹して話をした。そのとき瀬田先輩がこんなことをいったらしい。

「金子君は自然児だ。だから君が書くものは、どんなことを書いてもそれなりの魅力を持っている。だから君は自信を持って俳句を作るなり、何なりと自分でいいと思うことをしていきなさい」

その先輩があまりにも何回も「金子君は自然児だ、自然児だ」と言ってわたしを褒めてくれるものですから、だんだんこちらもその気になっていってね。(略)これがのちに「秩父の産土《うぶすな》に自分は支えられている」と確信することに至っていくわけですが、このときすでに瀬田さんは見抜いていたんだなと思うと、さすがだなと思いますね。

金子の帰国が四六年十一月。おそらくはその何か月かあと、さきに復員して夜間中学の教員をしていた瀬田が訪ねたのだろう。この年、瀬田は教員をやめる。のちに語ったところによれば、これからの時代をになう子どもたちに向けて、じぶんの能力と時間のすべてを解放しよう、と考えたのだという。

とすれば、「何なりと自分でいいと思うことをしていきなさい」という瀬田のことばは、金子だけでなく、当時のじぶん自身に向けたことばでもあったことになる。このことばにはげまされて、金子は、銀行員は食うための仮のすがたと割り切り、俳句に専念する決心をかためた。そして、いっぽうの瀬田は、やがて平凡社に入社し、みずからが構想した理想の子ども百科を実現すべく、もうぜんと働きはじめる。

――そうか、あの『児童百科事典』成立の背景にはこんな意外な出会いもあったのか。

思いがけない場所で、ふいに、いままで知らなかった小さな事実にでくわす。そのことで、じぶんの人生を織りなす網の目が、ほんのすこし密度をます。そういうことが、あんがい、しばしば起きる。歳をとるというのも、まんざらわるいだけのことではないのだ。

（この奥秩父行については、すでに荒木田隆子さんが『子どもの本のよあけ』できちんとふれている。いそいでこの大著を読んだので、うっかり忘れてしまったらしい。いやはや、もうしわけない）

金子兜太『他界』
講談社

三月十日（土）

「わるいだけのことではない」の実例をもうひとつ――。

大学をでてからの三年間、晶文社にかかわる一方で、いまはない『新日本文学』という雑誌の編集部ではたらいていた。そこでまず担当させられたのが当時連載中の『神聖喜劇』で、そのため月に何度か、作者の大西巨人氏のお宅に通うようになった。その最初の日に「あれ？」と思ったことがある。私の旧著に、そのことにかかわる箇所があるので引用しておくと、

「……ふすまをあけると、そこが大西さんの六畳ほどの書斎である。古い借家なのだろうが、隅々までちりひとつなく掃き清められ、パラフィン紙のカバーをはずした、それなのに、なぜか透明ラッカーを塗ったみたいにピカピカ光ってみえる岩波文庫が書棚にビシッと並んでいるのが印象的だった」（『おかしな時代』）

このうちの書棚の岩波文庫が「ピカピカ光ってみえる」というところ。私はそこで「透明ラッカーを塗ったみたい」と書いているが、ほんとにそうだったのかな。もしかしたら、あの「ピカピカ」は私の脳が何十年もかけてでっちあげたニセの印象なのかもしれないぞ。

なぜそうなったかは不明だが、いつしかそんな微妙（神経症的？）な疑いが胸中に生じていたらしく、そのせいもあって、過日、池袋の書店で大西夫人、美智子さんの『大西巨人と六十五年』という本を見つけ、すぐレジに向かった。そして帰りの電車で読みはじめたら、期待どおり、あったのですよ、こんな記述が。

〔大西は〕執筆が進まなくて苦慮する時、気分転換に破損した蔵書の装幀を自己流で作り変えていた。ご飯を丹念に粘《ね》り合わせて糊《のり》をつくる事から始める。裁縫用の篦《へら》を自分用として所用していた。（略）文庫本、単行本、大型本、『広辞苑』、どんな本でも手がけた。（略）古くて痛んだ本はニスを塗って補強してある。

ああ、やっぱりね。安心しました。あの「ピカピカ」はなにも私のでっちあげではなく、やはり大西さんがご自身で塗ったニスの光だったのですな。

しかも『おかしな時代』の記述には、じつは他にもうひとつ、大西さんがらみでたしかめておきたいことがあった。月になんどか、お宅にうかがうさいの京浜東北線の下車駅を、浦和か与野かで迷ったすえに「たしか浦和」と書いてしまったけど、あれでよかったのかしらん。

正しい答えは、どちらでもない。大西夫人の回想から推測するに、あの当時、どうやら私は浦和と与野のあいだの北浦和で下車し、東口をでて線路に沿った狭い道を進行方向（大宮方面）に歩き、右折して十分ほどで大西さん宅についていたらしい。

道路からすぐ「小さな玄関をはいった先が、いまでいうリビングになっていて、病身の息子さんたちのための組み立て式ベッドが二台おいてあった」（『おかしな時代』）。

この二台のベッドには赤人《あかひと》君と野人《ののひと》君の幼い兄弟が寝ていた。ふたりは重度の血友病だったのである。うん、それで思いだしたぞ。小学校にはいったばかりの赤人君へのおみやげとして、訪問のつど、じぶんの本棚にあった創元社の『世界少年少女文学全集』を、何冊かずつ抱えて行ったっけ。

私のうちにひとかたまりの記憶がある。あるにはあるのだが、長い人生だから、かたまりのあちこちに小さな穴が泡ぶくのように生じている。その小さな穴のひとつかふたつが、思いがけず、たまさか手にした一冊の本によって埋まり、おかげで、ぼやけた記憶のたしかさがちょっとだけ増す。繰りかえしになるが、これもまた私たちのような年経《へ》た大蛇《おろち》にしか味わえない読書のよろこびのひとつなのです。

＊

この回は読書日記でゆくぞ。そう冒頭で宣言したのに、いっこうに日記らしくなってくれない。考えてみれば、もともと私には日記や随筆のたぐいがうまく書けたためしがないのだ。そんな人間がへんに高望みして、あえなく尻餅をついた。まあ、そんなところなのでしょう。

ではその「日記や随筆のたぐい」とは、どんな「たぐい」なのか。つい先ごろ読んだ『天野忠随筆選』という本の末尾で、選者の山田稔がこうのべている。


晩年、車椅子の生活を強いられることになるこの詩人は、足にいささかの自信をもち、その足で歩くことが好きだったのである。

その好きな毎日の散歩、近所のそぞろ歩きの沿道の景色が変らないように、天野忠の随筆の中身は変らない。ほとんどすべてが些細な日常茶飯事をはじめ、古い昔の思い出、老いのくりごとなど、つまり何でもないことである。

この「何でもないこと」にひそむ人生の滋味を、平明な言葉で表現し、読む者に感銘をあたえる、それこそが文の芸、随筆のこつ、何でもないようで、じつは難しいのである。


これらを要するに、日常に生じた「何でもないこと」を、ふだん私たちがつかっていることばで書きとめ、その暮らしのすこし上方や下方にぼんやりあるものを、読者が「ああ、書かれてみれば、たしかにそういうこともあるよな」と、しずかに思えるようつとめること——。

ここでは「随筆のこつ」となっているが、「読む者」のうちに「じぶん」もふくめれば、「日記のこつ」だってたぶんおなじようなもの。

随筆や日記のようなやわな文章は書けないし書きたくもない。若いあいだはそれですむし、じじつ、すんでいた。でも歳をとるとそうはいかない。若者や壮年とちがって、老人の日常《リアル》は基本的に「何でもないこと」だけでできているからね。その「何でもないこと」をうまく表現できないと、なんだか腑ぬけたようなものしか書けなくなってしまう。

つまり私は、今回はそのような「何でもない」読書について、日記というかたちであっさり書いてみようと、まず考えたらしい。ところが、その「こつ」がつかめず、中途半端な日記まがい、随筆まがいのものができてしまった。でも、いってみれば、この連載自体が練習みたいなものなのだからなァ。いちおうこれでよしとしていただき、お詫びをかねて、この二か月間に読み、場合によってはこの「日記」に登場していたかもしれない本を、以下に列挙しておきます。

――池内紀『記憶の海辺』、バーベリ『オデッサ物語』、松井今朝子『師父の遺言』、チャンドラー・村上春樹訳『高い窓』、陳浩基『13・67』、ル・カレ『スパイたちの遺産』、亀山郁夫・沼野充義『ロシア革命100年の謎』、小笠原豊樹訳『プレヴェール詩集』、中島岳志『保守と立憲』、関川夏央・谷口ジロー『「坊っちゃん」の時代』、杉浦日向子『百日紅』、ちばてつや『ひねもすのたり日記1』など。

平野甲賀『平野甲賀・ggg Books』DNP文化振興財団、二〇一七年
堀田善衞『定家明月記私抄』新潮社、一九八六年／ちくま学芸文庫、一九九六年
小沢信男「賛々語々87」『みすず』二〇一八年一―二月合併号
小沢信男『俳句世がたり』岩波新書、二〇一六年
レイ・ブラッドベリ『火星年代記』(*)小笠原豊樹訳、ハヤカワ・SF・シリーズ、一九六三年／ハヤカワ文庫、一九七六年／〔新版〕ハヤカワ文庫、二〇一〇年
金子兜太『他界』講談社、二〇一四年
大西美智子『大西巨人と六十五年』光文社、二〇一七年
『天野忠随筆選』山田稔選、編集工房ノア、二〇〇六年

*『火星年代記』

一九九七年、ブラッドベリ自身による改稿で物語の年は旧版の一九九九年から二〇三〇年に変えられ、収録作にも若干の入れ替えがある。が、筆者は一九七六年の旧版を読んだので、本文引用はその版によっている。

13 いつしか傘寿の読書日記

ブコウスキー
『死をポケットに入れて』
中川五郎訳、河出文庫

読書日記は前回だけのつもりだったが、かんじんの四月六日（傘寿誕生日）にたどりつくまえに終わってしまった。だからどうというわけではないのだが、せっかくの機会なので、もう一回だけ、つづけさせてください。あいも変わらぬ日記まがいです。

＊

四月一日（日）

わずかな縁《えにし》があって、七〇年代の関西フォーク運動の流れをくむ（といってもいいのかな）『雲遊天下《うんゆうてんが》』というリトルマガジンを、毎号、送ってもらっている。

その最新号で中川五郎がチャールズ・ブコウスキーに触れているのに接し、つられて、かれの訳した『死をポケットに入れて』を本棚からさがしてきた。おなじ五郎さん訳なら『詩人と女たち』や『くそったれ！　少年時代』でもいいのだけど、この齢になって、かれの酒と女と喧嘩の日々につきあうのは、ちょっとしんどいのでね。

一九九一年、ブコウスキーが七十歳のころの日記エッセイ。それが『死をポケットに入れて』で、その三年後、とうとうかれはポケットから飛びだした死とでくわす。私がこの本を最初に読んだのが、やはり七十歳になるやならずのころだったから、笑いながらも身にしみて読んだ。なかんずく、すこしまえに使いはじめたパソコンとのジッタバッタの愛憎関係がおかしい。コンピュータと生死をともにせざるをえなくなった現代老人の悩みを、あのブコウスキー氏までが共有していたとは。

そして、こんど再読し、とくに感銘をうけたのがこの一節――。

人はどれぐらい食べて、どれぐらい糞をするのか？　とんでもない量だ。おぞましい。我々は死んでとっととこの世から去っていくのにこしたことはない。我々が自分たちが大量に排泄するものであらゆるものを汚染しているのだ。

いまの私がこの一節を切実な笑いとともに読んだのは、便秘や頻尿になやみ、ときにトイレをあられもなく「汚染」してしまうじぶんの行状に、うんざりさせられているせい。

私にかぎらず、おそらく大多数の老人が、あいつもこいつも、程度の差はあれ、こうした糞尿問題に直面しているにちがいない。大きな病気で入院したりすればなおさら。そこでの糞尿処理のやっかいさは、脳梗塞で長期入院した小林信彦の『週刊文春』の連載コラム「本音を申せば」を読めば、いやというほどよくわかる。ひとごとではないよ。小林さんの毎日がまもなく私のそれになるであろうことは、ほぼ確実といっていいのだから——。

と閉口しながらも私は、これまたしばらくまえに再読した鶴見俊輔の『アメノウズメ伝』に、こんな一節があったことを思いだしていた。

『古事記』を読みかえす時、もどってくるのは、その糞尿《ふんにょう》の世界である。（略）糞尿にまみれて死滅するのは、私自身の未来であるだけでなく、人間共同の未来でもある。（略）涙かららうまれた神、尿かららうまれた神、アカかららうまれた神、それらがつくりだす神々の世界は、私たちの未来にも待っている。

鶴見さんの場合、こうした考え方の底には、戦時中に海軍軍属として志願し、なんどか乗った輸送船の甲板に汚物が流れだして、この「青空の下に悪臭のあふれる人間界」のほうが「殺したり殺されたりするよりずっといいではないか」と感じた体験があるらしい。

すこしちがう気もしないではないが、ブコウスキーも鶴見さんも、じぶんと人類の未来に壮大な「糞まみれの世界」を見ている点ではおなじ。といって、さほどなぐさめになるわけではないが、両者をかさねて大笑いするぐらいのことはできる。そういえば、金子兜太には「長寿の母うんこのようにわれを産みぬ」の句があるし、深沢七郎にも『生まれることは屁《へ》と同じ』という対談集があった。

四月三日（火）

松山巖の編んだ須賀敦子の長大な「年譜」をベッドで読みはじめ、読み終えたら窓のそとが明るくなっていた。だから夜を徹しての読書。わがことながらおどろいた。老いて「ぽつぽつ読み」の人となって以来、もしかしたらこれははじめての体験かもしれない。

一九九二年の春、御茶ノ水駅前の丸善で、でたばかりの『コルシア書店の仲間たち』という本をみつけ、荻窪のアパートにもどる中央線の車中で読みはじめた。

それが須賀の本と出会った最初で、つよい印象をうけ、以後もたいていの本は読んだから、私より九歳上のこの方が生きてきた道筋の見当ていどはつく。でも、なぜそういう道筋になったのかという詳細ないきさつまでは知らない。このまま死んでしまうのはざんねん。生きているあいだに、もっと正確なところがわかればいいのだが……。

そうぼんやり思っていたら、たまたま『須賀敦子全集』の最終巻に松山さん作成の年譜のあることを知り、さっそく河出文庫版を買ってきた。

文庫にして約二百ページ。これだけでも一冊の本になるほどの力作で、下段に組まれた懇切な注釈と相まって、須賀敦子という文筆家の六十九年にわたる生涯を、あっけにとられるほどのこまかさでたどってみせてくれる。

もちろん年譜だから、思い入れや批評のたぐいはなし。ひとりの人間の一生に起きた事実を大小を問わず時系列で順々にしるしてゆく。ただそれだけのことなのに――いや、だからこそなのだろう。そのことが私のような半幽霊の枯れ果てた想像力をかきたて、徹夜の読書に走らせてしまう。そういう力があるし現にあった。とすれば年譜はたんなる参照ツールではない。伝記や小説とならんで、それだけで自立したもうひとつの表現の手法にもなりうるのだ。

たとえば――。

一九五三年にパリに留学した上層中産階級の若い女性が、その七年後、なぜミラノで、カトリック左派（閉鎖的な教会制度に異をとなえ、そとの民衆世界にそれを開放する）の知識人があつまる「コルシア書店」の活動に加わり、七〇年代はじめに、なぜそこから離れざるをえなくなったのか。

あとからふりかえれば必然のプロセスとも見える。しかし年譜を読みすすむにつれて、つまりは時間の流れにそって彼女の人生を微細にたどってゆくと、じっさいには私たちの人生と同様に、いくつもの偶然のできごと（とりわけ多くの人びととの出会いと別れ）が複雑にかさなってそうなったのだということが、手にとるようにわかってくる。

偶然の出会いは人だけでなく、本とのあいだにもあった。一例をあげると、一九四七年、十八歳の須賀が聖心女子学院高等専門学校にかよっていたときの体験として、「このころから訳されはじめたヨーロッパのレジスタンス文学を読み、強い感銘をうける」という記述がでてくる。「このころ訳された」というと、これはおもにクロード・モルガンの『人間のしるし』やヴェルコールの『海の沈黙』などの、ナチス・ドイツ占領下での地下出版の活動から生まれたフランスのレジスタンス小説をさすものと思われる。ただし日本語訳はどちらも五〇年代初頭に岩波現代叢書で刊行されているから、年譜にいう「このころ」よりはすこしあと。私も高校生のころに読んで「強い感銘」をうけた。私だけでなく友人たちもきそって読んでいた。ようは須賀さんから私たちまで、戦後まもないころの若者にとっての必読の書と見なされるようになっていたのだと思う。

そして同時期のフランスでさかんになったカトリック左派の運動に刺激され、かつての若いレジスタンス仲間がイタリアのミラノで開設したのが、ほかならぬコルシア書店だった。つまりはそういうこと。いくつもの偶然の出会いのはてにこの書店にたどりついたのは、須賀さんにとって、ほとんど奇跡的といってもいいほどの幸運だったのである。

その運動が七〇年代にはいるや、いっそう若い世代（日本でいう全共闘世代）によって「なまぬるい」とか「時代おくれ」とかはげしく批判され、くるしい内輪もめがはじまる。結果としてコルシア書店は急速に終わりへの道をたどり、須賀さんは日本にもどった。そしてそれから二十年ほどの時間がたち、一九九三年、こんな一行が年譜にしるされることになる。

「教えていた大学が」夏休みに入ったころ、広尾の都立図書館でクロード・モルガン『人間のしるし』をほぼ四十年ぶりに再読する。

なぜこの時期に彼女はわざわざ都立中央図書館まで足をはこび、むかし読んだレジスタンス小説を読みなおそうと思い立ったのかしらん。年譜にはそれ以上の説明はない。だからこそ読者としての私は、そこから私なりの物語を自由につむぐことができる。年譜ならではのたのしみ。きっとこれからは、この年譜が私にとっての松山巖の最高傑作ということになってゆくのだろうな。

四月五日（木）

さきに紹介した『雲遊天下』最新号に、中川五郎や友部正人や大塚まさじや豊田勇造とならんで、三歳上の私の友人、田川律《ただす》が「私立探偵キンジー・ミルホーン」という文章をよせている。女性探偵キンジーの生みの親、スー・グラフトンが七十七歳で死んだ。そんな「悲しいニュース」にはじまり、キンジーにかぎらず、かねがね私は「狭い一部屋を事務所にして、事件を引き受けて走り回る普通の探偵が気に入ってた」のだが、と田川さんはいう。

〔近ごろの〕シリーズもので気に入らんのは、ちょっと売れてきたらすぐ事件を国際的陰謀にしてまうことや。スカーペッタのシリーズがええ例や。国際的陰謀になった途端に興味が薄れてまう。なんでやろ？　身近な事件がええねやろか。〔私は〕どこまでもマイナーやねな。

スカーペッタとは、パトリシア・コーンウェルの人気シリーズの主人公で、女性検屍官のケイ・スカーペッタ。最初のほうの何冊かは、私も妻や娘が持っているのを借りて読んだ。中年の男女関係もふくめて、どちらかといえば渋めのシリーズだと思ってたがね、ふうん、あれがいまはやりの「国際的陰謀」小説に色目をつかいはじめたのか。そりゃあ、田川さんがげっそりするわけだよ。

年期をつんだ舞台監督にしてフォークやロックの音楽評論家。それが田川さん。しかしかれには海外ミステリの熱烈な読者というもうひとつの顔があり、そんなかれにおそわって、私もひところ、マイクル・コナリー、マイクル・リューイン、ビル・プロンジーニ、サラ・パレツキー、ロバート・パーカーといった作家たちの手になる、「狭い一部屋を事務所」にしたしがない探偵たちの物語（いわゆる現代《ネオ》ハードボイルド）を、けっこうまめに読んでいたのです。

その田川さんが、いまや予想もしていなかった海外ミステリばなれを強いられている。いやいや、他人事ではないぞ。私だって、以前はあれほど熱心に読んでいた新しい海外ミステリを、ほとんどまったく読まなくなっているのだから。

その証拠に、ためしに手にとったピエール・ルメートルの『その女アレックス』や、つい最近では香港の作家、陳浩基の『13・67』など、その年のベスト10で満点級の絶賛作が、うまくたのしめない。「国際的陰謀」へのすりよりこそないが、えげつない残酷描写とか、機械的に繰りかえされるどんでん返しとか、なにかと味がしつこすぎるし、しかも、そのしつこさがどんどん加速されてゆくように感じられる。

――でも、それは小説のせいじゃないよ。あなた方が読者として老耄《ろうもう》化したというだけのことでしょう。

もちろんそのせいも大いにあるさ。歳をとると酒量が激減したり脂っこい料理が苦手になるのとおなじ。そのことは私も否定しない。でも、それだけなのかな。ね、田川さん。とみに脚力を失ったわれわれが、ついに、さきを走る連中のあとを追いかけることができなくなった。ほんとにそれだけのことなのですかね。

四月六日（金）

このところ買うかどうか迷っていたウンベルト・エーコの『女王ロアーナ、神秘の炎』を、とうとう買ってしまった。迷ったというのは、これが上下二巻の大冊で、あわせて五千円強、なのに読まないままになりそうな気がしないでもなかったので。

にもかかわらず買ったのは松山巖の「須賀敦子年譜」を読んだせい。この年譜によって、私は、かつて須賀が参加したミラノのコルシア書店や、彼女の敬愛する作家ナタリア・ギンズブルグの作品の背後に、大戦末期のイタリアにおける対ナチ・パルチザン闘争の体験があったことを知った。そしていくつかの書評によると、どうやらこのエーコの小説も、これとおなじ体験に深くかかわっているらしいのだ。

で、買ってきました。そして「おや、またいつものお祭りがはじまりそう」と思った。

老来、時間に余裕ができたおかげで、なにか本を読むと、それに関連する本や映画や絵画や音楽などに、四方八方、めったやたらに手をのばす傾向がめだつようになった。それを以前、『百歳までの読書術』という本で私の個人的な「お祭り」と呼んでみたことがある。すなわち、なにも知識の獲得を目的にしているのではないからね。それに目的にしようとすまいと、いまの私の頭では、こまかいことは一か月もすれば忘れてしまう。〆切も試験もない。あくまでも私ひとりの知的なお祭りなので、何か月か熱中すれば自然に騒ぎがおさまる。

その後も、そんなお祭りを、気がつくと、大小ひっくるめて年に何度かやってきた。しばらくまえの伊藤比呂美や説経節「小栗判官」祭りもその典型的な一例。そして奇しくも、この「お祭り」読書という内なる騒ぎにはじめて気づいたのが、五年か六年まえ、おなじエーコの『薔薇の名前』を読んだときだったのです。

エーコは博識の学者小説家なので、かれの作品を読みこなすには、質量ともに、おびただしい予備知識が必要になる。

ところがその知識が、きちんとした勉強を一貫して敬遠してきた私には、まったくといっていいほど欠けている。そのせいもあって、いったんは読むのをあきらめた。でも、せっかく暇ができたのだから、ためしにもういちど挑戦してみるかと、中世ヨーロッパ史（宗教的な正統と異端の入り組んだ関係など）の勉強をしながら、半年ほどかかって、なんとかこの大作を読みおえた。おなじエーコの晩年の作『女王ロアーナ、神秘の炎』を入手し、あれあれ、またお祭りがはじまったみたいと思ったのも、そのささやかな成功体験を思いだしたからにちがいない。

——六十歳の誕生日を目前に事故で記憶を失った裕福な古書店主が、少年期をすごした祖父の古い館にとじこもり、子どものころ親しんだ雑多な品々（亡祖父のコレクションと、じぶん自身の宝物だったかもしれないもの）を手がかりに、うしなった記憶をとりもどそうとする。
その過去への探索行を、おもに大衆小説や漫画やブリキ玩具や流行歌のレコードからなる膨大な収集品のカラー写真をちりばめながら、往ったり来たり、ゆっくりとたどってゆく。そんな小説の上巻も終わりにちかく、いまはそこに、ムッソリーニのファシズム政権による統制が暗い影を落としはじめたところ。その行方は、もしもぶじに読み終えることができたら、そのときあらためて。

四月十三日（金）
もう四半世紀まえのことになるが、『歩くひとりもの』という本でこんな意味のことを書いた。
――若いころは、世の中に老人というものがいて、かれらはかならず老人らしく考え、老人のようにふるまうのだと、なんとなく思っていた。ところが五十歳をこえたというのに、いまも私は若いころとおなじく綿シャツにジーンズで暮らしている。それはまあいいとして、でも、はたしてこのさきは？
　おそらく私は八十歳になっても同じ格好をしているだろう。杖をひいてデパートの男物売場をおとずれ赤いギンガムチェックの木綿シャツを買いこんでいるはずである。衣生活にかんするかぎり、私には、どうやらそれ以外の未来はないらしい。

そして、めでたく八十歳。私にかんするかぎり、この予測はピタリと的中したようである。杖こそついていないけれども、いまも私は二十代や五十代のころと似たようないでたちで、ふらふらと街を歩いているのだから。

でもこれは私だけのことで、おなじ時代を生きてきた同輩諸氏のふるまいや意見は、かならずしもそうでないかもしれない。そういえば、数日まえの新聞に、池内紀の『すごいトシヨリBOOK』という新刊本の大きな広告がのっていたっけ。池内さんは私の二歳下だから、まったくの同世代である。よおし、そいつでチェックしてみるか、と近所の本屋で一冊だけ残っていたのを買いもとめた。

目次を見ると、「おしゃれの楽しみ」という項目がある。さっそく読んでみると、歳をとって惨めになったじぶんの体を「衣服という第二の皮膚」でカバーすべく、つねづね私（池内さん）は服飾デザイナー川本恵子さんの、「年を取ったらなるだけ赤い明るいものを着ましょう」「本当のおしゃれというのは、郵便局へ行くにも着替えをする」というおしえにしたがっている、などとあった。

このかぎりでは、いつも妻にやかましくいわれていることだから、さしておどろくほどのことではない。ただし歴然たるちがいもある。たとえば「最近は、アメリカのL.L.Beanの服を愛用して」いるというような箇所――

L.L.Beanの日本の店は、中高年も狙ってる感じがしていて、だから、年寄りにも非常に親切です。平日の午前中なんて誰もお客さんいませんから、お店に行って、「たぶん買わないと思いますけど、知りたいから」なんて言って、「今、どういうのが、流行っていますか」とか、「いまの服の上に着るんだったら、どういうのがいいですか」とか聞くと、いろいろアドバイスをしてくれます。

えらいなあ、池内さん。おなじ高度経済成長（＝消費社会化）以前の貧乏国・日本でそだったはずなのに、L. L. Bean のようなハデな店を楽々とつかいこなすなんて、買物べたの私などにはとてもできませんよ。

そんな私にとってのすくいは、十年まえに亡くなった恵子さんの夫、川本三郎氏が、どこかで、それまでブランドものをえらんでくれていた妻がいなくなったので、いまはもっぱら「ユニクロ」にたよって暮らしている、と語っていたこと。川本さんは私より六歳下。なのに私とおなじく、自信をもって買えるのは、せいぜい本とＤＶＤと汽車のキップぐらいらしいや。ハハハ、ならば私の赤いギンガムチェックやジーンズと、まったくおなじじゃないの。

それに、いまふうの気軽な身なりで暮らしているという点では、池内さんだって、私や川本さんとさしたるちがいはないのだ。

いまの日本では、「口をへの字にむすんだ」とか「苦虫を嚙みつぶした」式の風貌の老人は、ほぼ絶滅してしまった。たとえば阿川佐和子『強父論』がえがく故阿川弘之氏。ああいった家長然とした方々が、近所のデパートや L. L. Bean やユニクロで、「赤い明るい」衣類をじぶんで買っているおすがたなど、とうてい想像できないものね。
社会における老人のありようが、前世紀の七〇年代あたりから徐々に変化しはじめ、ついに現在にいたった。その新老人のはしりが私たち。そういうことなのかもしれない。

この一か月間に読んだ、ここで触れた以外の本を列挙しておきます。
——大竹昭子『須賀敦子の旅路』、須賀敦子『ミラノ 霧の風景』『塩一トンの読書』、チャンドラー・村上春樹訳『水底の女』、長谷川四郎『文学的回想』、ボルヘス『語るボルヘス』、池内紀『モーツァルトとは何か』、養老孟司『半分生きて、半分死んでいる』、内田百閒『百鬼園先生言行録』など。

雑誌『雲遊天下』128号、ビレッジプレス、二〇一八年三月十五日発行
チャールズ・ブコウスキー『死をポケットに入れて』中川五郎訳、河出書房新社、一九九九年／河出文庫、二〇〇二年
鶴見俊輔『アメノウズメ伝——神話からのびてくる道』平凡社、一九九一年／平凡社ライブラリー、一九九七年
須賀敦子『コルシア書店の仲間たち』文藝春秋、一九九二年／文春文庫、一九九五年
松山巖「年譜」(『須賀敦子全集』第八巻所収)河出書房新社、二〇〇〇年／河出文庫、二〇〇七年
ウンベルト・エーコ『女王ロアーナ、神秘の炎(上・下)』、和田忠彦訳、岩波書店、二〇一八年
津野海太郎『百歳までの読書術』本の雑誌社、二〇一五年
津野海太郎『歩くひとりもの』思想の科学社、一九九三年／ちくま文庫、一九九八年
池内紀『すごいトシヨリBOOK——トシをとると楽しみがふえる』毎日新聞出版、二〇一七年

14　少年読書回想

もう三十年以上もまえのことになるが、新宿ゴールデン街の酒場で飲んでいたら、同行の友人が、カウンターのとなりに坐った男となにかぼそぼそと話しはじめた。話のようすでは、以前、友人がニューヨークに住んでいたころ、そこで知り合った人物みたい。

しばらくして、その見知らぬ男が友人ごしに「ツノさんですね」と声をかけてよこした。「ええ」と答えると、

「市川雅《みやび》ですよ。おぼえてます？」

はあ、あの舞踊評論家の？　お名前はもちろん存じあげてますよ。『舞踊のコスモロジー』という著書を読んだこともあるし、現代思潮社からでた『ニジンスキーの手記』の翻訳者でもある。でも会った記憶はない。

「ええと、どこかでお目にかかりましたっけ？」

そう答えると「ハハハ、やっぱりね」と市川さんは笑っていった。「あなた、子どものころ上

『古川ロッパ昭和日記
戦中篇　昭和16年―昭和20年』
監修・滝大作、晶文社

落合に住んでたでしょ。ぼくの家がすぐ近所でね、RちゃんやIちゃんとは、いつも一緒に遊んでたんですよ」

上落合とは西武新宿線中井駅の南側にひろがる町で、たしかに私は小学四年から大学に入学したのちまで、その町に住んでいた。Rとは二歳下の弟の名、Iは六歳下の妹。市川さんは私の一歳上で、小学生のころ、私の家のまえにあった空き地で、毎日のように近所の子どもたちと遊んでいたらしい。

「あなたはたいてい本を読みながら歩いてたからな。それでおぼえていないんでしょう」

「えっ、いや、ぼくだってあそこではよく遊んでましたよ、夕方になると蝙蝠《こうもり》がハデに飛んでましたよね」

――と、こう書いている現在は二〇一八年五月四日。そこからかぞえて七十三年まえ、敗戦の年の五月二十五日に、上落合の町はアメリカ軍の空爆によって一面の焼け野原と化した。それから三年がたち、ようやく新しい家屋があちこちに建ちはじめる。そのうちの一軒が父のつとめる会社の社宅で、家の向かいはまだ焼け跡のまま。そこが子どもたちの遊び場になっていたのだ。

私の家をはさんで遊び場の反対側もやはり大きな空き地になっていて、当時は知らなかったが、焼けるまえはそこにエノケンとならぶ昭和の喜劇王、古川ロッパの家があったらしい。むかし晶文社から『古川ロッパ昭和日記』（全四巻）という本をだしたとき、ロッパの息子で、『シカゴ』や『レ・ミゼラブル』のプロデューサーだった東宝の古川清氏と打ち合わせをしていて、はじめてそのことを知った。

このころ軍の慰問をかねた東北巡業の長旅にでていたロッパは、空襲の翌日、仙台で自宅焼失の報に接し、その四日後、東京から次の巡演地・盛岡に駆けつけた人の話でやっと詳細を知る。以下、日記の第二巻「戦中篇」から引用しておくと、

……家へ三発の焼夷弾落下、これは皆で消してしまった。その後三十分にして、中井駅方面からの火で類焼。本がいつ迄も燃えてゐましたと言ふ。大庭一家も、敏のとこも、焼跡へ逃げて助かり、怪我人なし。(略)大庭のとこは、バラックを建てゝ棲んでゐる由。

はははあ、そういえば空き地の片隅にバラックに毛の生えたほどの小屋《しょうおく》があり、あそこは東宝の人の家なんだよ、と近所のおじさんがおしえてくれた。そんな記憶がかすかにある。もし本当にそうだとしたら、あれがロッパ氏のいう「大庭のとこ」だったのだろう。ではロッパ一家は？ 清さんの話によると、戦後すぐ別の土地に新しい家を建て、そちらに越してしまったらしい。

そこで話をもとにもどすと、「ぼくだってあそこでよく遊んでましたよ」というのは、まんざらうそではない。

その証拠に、いまも忘れずにいるのが「百」という遊び。といっても、それ自体が遊びなのではなく、「馬跳び」とか「エス(S)」とか「ドン尻《ケツ》」とか「三角ベース」とか、いくつもの小さな遊びをひとつにまとめて呼ぶ、いわば小遊びの束みたいなもの。戦後もしばらくのあいだは、空襲によって町のあちこちにできた空き地――あのころでいう「原っぱ」に、放課後ともなると、

学齢まえの子どもたちから小学校高学年のお兄さんやお姉さんまでが、いつのまにか十人も二十人もあつまって、そんな他愛ない遊びをあきることなく繰りかえしていたのだ。

そして、そうこうするうちに陽がかたむき、どこからか「ご飯よ！」とどなる母親たちの声がきこえてくる。やむなく遊びをやめて見上げると、夕焼けの空におびただしい蝙蝠が飛びかっていた。信じられないだろうが、東京にだって、そんな光景がたしかにあったのです。

＊

しかし、いかにそう強弁しても、私の弟や妹の名までおぼえてくれていた市川さんの記憶すらないのだから、あまり説得力がない。おっしゃるとおり。市川さんにかぎらず、どうやらほかの近所の人たちの目にも、いつも歩きながら本を読んでいるヘンな少年としか映っていなかったらしいや（市川さんはこの再会から十年ほどのち、一九九七年に、おなじ上落合の町でなくなった。行年六十）。

じっさい、そのころの私はかならずといっていいほど歩きながら本や雑誌を読んでいた。

いや、そのころだけではないな。

この路上読書の習慣は成人したのちもつづき、漫画雑誌を読んでいて側溝に転落するとか、まぬけな体験をかずかず重ねたすえに、七十歳をこえてしばらくたったころ、ようやく終わった。

ある日、ふと気がつくと、本や雑誌を読みながら道を歩くのをやめていた。加齢につれて足腰がよわり、反射神経や注意力のおとろえに神経質にならざるをえなくなっていたのだ。

しかしそれにしても、まだ子どもだった私になぜそんな路上読書の習慣がついたのだろう。本を読むのが人並み以上に好きだったのは事実だが、どうもそれだけではない。なによりもそれらの本が、たいていは友だちや知り合いの家から借りてきたものだったからだと思う。

戦争直後の日本では子どもに読める本のかずが極端に少なかった。とくに新刊本。それまでの苛酷な言論統制によってこの国の出版業はとことん疲弊しきっていたし、だいいち日本経済そのものが崩壊し、出版のような不要不急の領域にまわせる紙も電力も、ほとんどないも同然だった。そのため敗戦の年には年間出版点数が一千点を大きく下まわる。いまは約八万点だから、その一二〇分の一ていど。

そして私はといえば、なにせ文字をおぼえ読書のたのしみにめざめたばかりの少年だったから、読めるものならいくらでも本が読みたい。当時の子どもはいつも腹を減らしていたので、線路のそばに生えた雑草でも、配給の菊芋（本来はブタのえさ）でも、鉄柵を乗りこえて盗んできた進駐軍の残飯でも、食えるものならなんでも食った。それとおなじことで、印刷した紙を綴じた本のかたちをしていさえすれば、子どもの本もおとなの本も、どんな本でも片っ端からガツガツと読んでしまう。

私の家にも両親やフィリピンで戦死した若い叔父の蔵書が、かなりの量あった。そのうちの『経済学全集』といったものはのぞき、岩波文庫の赤帯や円本全集にはじまり戦前の婦人雑誌や探偵小説まで、なんとか読める本はことごとく読んでしまった。となると、あとは他人の家の、かろうじて空襲で焼け残った本や雑誌を借りて読むしか手がない。

上落合に越してくるまえ、小学校低学年のころにしばらく住んでいた京浜線大森駅近くの町でも、あそこのお兄さんは戦前の「のらくろ」漫画をたくさん持っているみたいとか、隣りの家の簞笥のわきに古い『キング』や落語全集が積んであったとか、この友だちの家に行けば『漫画少年』の最新号が縁側で読めるぞとか、ご町内の蔵書事情をさぐっては、それらの狩り場をいそがしくめぐり歩いていたのである。

こうした習性は上落合に引っ越したのちも変わらなかった。たとえば、これは以前もどこかに書いたおぼえがあるが、新しい友だちの家で発見した岡本綺堂の作品集を何巻か、順ぐりに借りて読んでいた時期があった。

そういえば、あの家は上落合のどのあたりにあったんだっけ。たしかさびれたお寺のそばだったような気がするけど……。グーグルマップでしらべたら、中井駅の上をまたいで通る環状六号線（山手通り）ぞいに最勝寺というお寺が見つかった。ああ、たぶんここだな。このお寺のすぐとなりの古びた二階屋だったはずだ。とすると、いまとつぜん思いだしたのだが、この一帯も空襲でかなりの被害をこうむったらしく、お寺の境内が荒涼たる原っぱになっていて、生いしげる雑草のあいだに薄いゴムの袋がいくつも捨ててあった。

——あれなに？

友だちにきくと、「衛生サック」っていうんだよ、きみ知らないの、とバカにされた。いまでいうコンドームね。夜の闇にまぎれて若い男女がおこなった行為の残留物。本はたくさん読んでいたけれども、男と女のいとなみの具体面についてはまだなにも知らなかったので、つよいショックをうけた。

友だちの家にあった岡本綺堂の本というのは、いま思い返すと、昭和のはじめごろに春陽堂から刊行された「綺堂読物集」という小型本双書だったのだろう。その日も、なかの一冊、『異妖新編』という怪談集を借り、山手通りをわたって、いつものように自宅にもどる道を歩きながら読みはじめた。借りた本はできるだけ早く読んで返す。それが暗黙の約束だったから、いきおい借りたらすぐ、歩きながらでも読みはじめることになる。

で、そのとき路上で読んだのが、忘れもしない「白髪鬼」という、ちょっと長めの短編だった。弁護士試験の試験場で、ある秀才青年のかたわらに真白い髪の美女がひっそりと立つ。ほかの人たちには見えていないらしい。そのため受かるはずの試験に四回つづけて失敗した青年は――とはじまるモダン怪談なのだが、いやはや、怖かったのなんの。そろそろ夕闇せまる頃合いだったしね、あまりにも怖くて、早く家にたどりつこうと思わず急ぎ足になった。

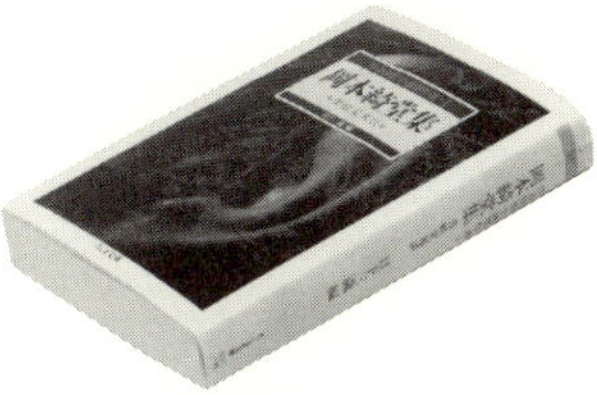
『岡本綺堂集　青蛙堂鬼談』
日下三蔵編、ちくま文庫

郵便局や文房具店のまえを通りすぎ、小学校の手前を左にまがって、なだらかな坂をくだった右側が私の家。向かいの原っぱではそろそろ子どもたちの遊びが終わろうとしている。怖い。でもページから目がはなせない。そんな私のすがたを原っぱにいた市川少年がじっと見ていた。たぶんね。きっとそのときも黒い蝙蝠の一群が中空を舞っていたのだろうな。

＊

私の年代の者がおおむねそうだったように、私も小学生のころ、『宝島』『巌窟王』『小公子』『家なき子』『トム・ソウヤーの冒険』『あゝ無情』『三銃士』『鉄仮面』『フランダースの犬』といった「世界名作」のダイジェスト本を、戦前にでたものを粗末な紙で復刊した講談社や偕成社の児童書シリーズで読んだ。

といっても当時の親たちに、本に飢えたわが子に本をどんどん買って与えるだけの経済力はなかった。

だとしたら学校や近所の図書館で借りて——と、いまならおそらくそうなるのだろうが、当時はそれもむり。私は疎開先をふくめて四つの小学校にかよったが、そのどこにも図書室はなかったし、地域の図書館のようなものも、都道府県立の大きな図書館をのぞくと、まったくなきにひとしかったのだから。

それに、たとえあったとしても、アメリカ占領下の一九五〇年に「図書館法」が制定されるまで、公立図書館のおおくは有料（いまでいえば百円か二百円の入館料を徴収する）で、しかも借りた本は持ち出し禁止、館内で読むのが決まりだった。ようするにこの国には、いまは常識となっている「図書館に行けばタダで本を借りて好きな場所で自由に読める」という原則が存在していなかったのである。

だとすると、あのころ私はじぶんの読む本をどうやって手にしていたのだろうか。

よくはおぼえていないけれども、たぶんそのうちの何冊かは親にせがんで買ってもらい、のこりのほとんどはやはり友だちに借りて読んでいたのでしょうな。そして五〇年代のはじめ、中学にはいったころから、そこに貸本屋が加わってくる。家から歩いて十分ほどの横町に小さな間口の貸本屋ができ、いつしかそこに出入りするようになったのだ。

ただし借りる手つづきとか料金とか、こまかなことはとうのむかしに忘れている。そこで例によって近所の図書館でしらべたら、梶井純の先駆的な研究『戦後の貸本文化』をはじめとして、末永昭二『貸本小説』や高野慎三『貸本マンガと戦後の風景』など、何点かの関連書がみつかった。

そのうちの一冊、菊池仁《めぐみ》の『ぼくらの時代には貸本屋があった』という本によると、私より六歳下の著者は、私にいくらかおくれて一九五五年、小学五年のときに貸本屋がよいをはじめたらしい。それによると、かれの行きつけの横浜市内の貸本屋の場合——、

……漫画が一日、つまり翌日返却で一〇円、延滞料が一日五円、小説本は二〇円から三〇円、これは定価によって違っていたと記憶している。延滞料は半額であった。漫画だけでも日に

菊池仁『ぼくらの時代には貸本屋があった』新人物往来社

四冊借りれば四〇円、月二〇日利用すれば八〇〇円となる。一〇円を持って駄菓子屋にいけば二、三種類の商品を買えた時代である。小遣いだけでは足りなくて、おふくろの財布から時たま失敬してあてていたこともある。

この菊池の回想に接して、なんとか思いだした。多少のちがいはあったろうが、私がかよっていた貸本屋にも、たしかにこれと同様の規約があった。延滞金を払わずにすむように、いつも大急ぎで読んでいたという記憶までがまざまざとよみがえってくる。しかも私が読んでいたのは漫画ではなく、おもに小説本だったから、払う料金は二倍以上。そんな大金を中学生の私はどのように工面していたのだろうか。いまとなってはもはや見当もつかないのである。

しかも借り賃だけでなく、菊池少年は入会にあたって米穀通帳の呈示をもとめられたという。すでに米は戦中から配給制になり自由な売買ができなくなっていた。その配給をうけるための通帳が米穀通帳で、いまの運転免許証や健康保険証のように、それが身分証明書の役目をはたしていたのだ。

ついでに触れておくと、この米穀通帳に関連して、『ぼくらの時代には貸本屋があった』に、こんな資料の一節が引用されている。


戦争中の本の少ない時代に貸本屋が著しく増えた状態が戦後も引き続き、さらに新しい貸本形式の開発によって大きな発展がみられた。

昭和二十三年、神戸市で発足したろまん文庫は、従来の貸本屋が保証金制度で行なってきたのを、身分証明書、学生証、米穀通帳などで本人の居住を確認さえできれば信用貸しをする新しい方法を採用し、大いに繁昌した。ろまん文庫の経営者は「暮しの手帖」の花森安治氏の弟、花森松三郎氏であった。（『東京古書組合五十年史』）

なんの気なしに読んでいておどろいた。以前、『花森安治伝』という本を書くため、花森の娘の土井藍生《あおい》さんに話をおききしたさい、「父の弟が神戸で古本屋をやっていたことがあるのよ」という話を耳にしたおぼえがあったからだ。

戦後まもないころ、しばらく音信のたえていた末弟の秋四郎（松三郎はその上の弟で、引用の記載は誤りとのこと）が、「こんど貸本屋をやりたいのだが」と兄に相談におとずれた。

「父はよろこんで、だったら『ろまん文庫』という名にしろよ、といったのね。あとでそれがほんとうに店名になったみたい」

藍生さんは川崎市住吉国民学校での私の一年先輩で、当時は小学三年ぐらいか。だから、そばにいてじかにそう聞いたというよりも、それが家庭内の伝説みたいになっていたのだろう。花森は、かつて貿易商だった実家が没落したのち、ちりぢりに親戚の家にあずけられた幼い弟や妹の行く末をいつも気にかけていた。このときも店名だけでなく新しい貸本屋にじぶんの蔵書を提供したりしたらしい。

そして一九四八年に「ろまん文庫」開店。奇しくもそれは、花森安治が、のちに『暮しの手帖』となる雑誌『美しい暮しの手帖』を創刊した年でもあった。

米軍の絨毯爆撃によって廃墟と化した日本で、手もとにのこった古物や廃品を再利用し、新しい暮らしのスタイルをさぐる。それが創刊時の『暮しの手帖』の基本姿勢だった。だとしたら、あの花森秋四郎がとり入れた「信用貸し方式」も、もしかしたら戦後日本きっての知恵と工夫の人、花森安治の助言にしたがってのことだったのかもしれない。もちろんただの妄想ですよ。でも、まったくありえないことではないぞ、とも思う。

この「信用貸し方式」を、おなじ神戸の「ネオ書房」がひきつぎ、それをきっかけに、当時は二万五千軒以上あったという全国の貸本屋にひろがってゆく。とすれば、とうぜん私も同様の入会手つづきをしたはずなのだが、これまたなさけないことに、まったく記憶にない。

私のかよっていた貸本屋は、自宅の一角を改造したらしく、ガラス戸をあけると六畳間ほどの部屋の両側がつくりつけの本棚になっていた。そして横浜の菊池少年がそうだったごとく、新宿区上落合の私もほどなくここで時代小説に頭からのめりこむようになった。

といっても、一九五六年創刊の『週刊新潮』に連載された五味康祐の『柳生武芸帳』と柴田錬三郎の『眠狂四郎無頼控』によって、戦後派時代小説が華々しく登場する以前の話だから、白井喬二、吉川英治、野村胡堂、大佛次郎、角田喜久雄、山手樹一郎など、もっぱら戦前の作品にしたしむしかなかったのだが。

そしてもうひとつが、当時は探偵小説と呼ばれていた推理小説――もちろん江戸川乱歩、木々高太郎、大下宇陀児《うだる》などの戦前の作品もだが、こちらは横溝正史の『本陣殺人事件』や高木彬光『刺青殺人事件』など、戦後になって発表された作品のほうを面白く読んだ。ただし時代小説と同様に、鮎川哲也、土屋隆夫、山田風太郎、陳舜臣、佐野洋、松本清張など、高木をのぞく戦後派作家の登場はすこしあとになるから、このころはまだ読んでいない。

この時期だけで、時代小説や探偵小説を百冊以上は読んだとずっと思ってきたが、どうやらこれは誤記憶だな。だってそうでしょう。中学生の乏しいおこづかいで、そんなにたくさんの本が借りられようわけがないもの。

古川ロッパ『古川ロッパ昭和日記』第二巻「戦中篇　昭和16年―昭和20年」監修・滝大作、晶文社、一九八七年／新装版、二〇〇七年
岡本綺堂「白髪鬼」（収録）『白髪鬼』光文社文庫、二〇〇六年／『岡本綺堂集　青蛙堂鬼談』日下三蔵編、ちくま文庫、二〇〇一年／『異妖新篇　岡本綺堂読物集（六）』中公文庫、二〇一八年など
菊池仁『ぼくらの時代には貸本屋があった――戦後大衆小説考』新人物往来社、二〇〇八年

15　でも硬い本はもう読めないよ

十三章でブコウスキーや鶴見俊輔の文章を引いて、老いの日常についてまわる糞尿の悩みについてのべたら、つい最近、またしてもふたつの実例にぶつかった。ひとつは、嵐山光三郎の「コンセント抜いたか」という『週刊朝日』の連載コラムで、行きつけの喫茶店でたまたま手にした同誌でみつけたもの。

　このところ『週刊文春』の「本音を申せば」という小林信彦のコラムでも、入院時の糞尿処理をめぐる悩みが切々と綴《つづ》られている。そのことは以前も触れたが、こちらのコラムによると、嵐山氏もやはり入院中で、糞尿の不調にさんざんな目にあわされているらしい。すなわち「昨夜から便秘になった。（略）出るかな、と思って便器に座って力むと、便は肛門近くまできているのに、そのあとがつづかない」などとあって、

　糞づまりになったが、熟練の看護師が、肛門に指を入れてぐりぐりっと動かすと、するりと出た。ほっと安心して腹を撫でおろした。ありがたい。

池内紀
『闘う文豪とナチス・ドイツ』
中公新書

このあけっぴろげな報告を読んで、ああ、そういえば、と私も思いだした。

もう十年ほどまえの話になるが、立場こそことなれ、私にも九十四歳で亡くなる直前の母の「糞づまり」を、ポリエチレンの手袋をはめて指で掻きだした経験があるのだ。あいにくそこに「熟練の看護師」はいなかった。つきそってくれていたヘルパーさんが申し訳なさそうに「私たちにはその資格がないので」とつげ、長男の私が介助するはめになったのである。

したがって、もちろん「ぐりぐりっ、するり」とはいかない。いかに老いたとはいえ、いちおう私も男だからね。すくなからずうろたえたけれども、金子兜太にならっていえば（十三章を参照）、そのむかし「うんこのように」私を産んでくれた「長寿の母」への恩返しだぞ、とじぶんにいいきかせながら、なんとかやりおおせた。いやいや母だけではないぞ。遠からず私もこんなふうに消えてゆくのだ。人間にほかの終わり方はないのだよ。と、にぶい私がはじめてそう腹をくくったのも、あのときだったような気がする。

そしてもうひとつ――。

嵐山さんの便秘トークに接して数日のち、おなじ喫茶店で、買ったばかりの池内紀の『闘う文豪とナチス・ドイツ』という新書にざっと目をとおしていたら、その終わり近く、予想もしていなかった壮絶な糞尿譚がとびだしてきた。

ここでいう「闘う文豪」とは、一九三六年にナチス・ドイツによって国籍を剝奪され、あやうくアメリカに逃れたトーマス・マンのこと。

そしてさらに戦後、さしたる原因もなくマッカーシズムの「赤狩り」にまきこまれたマンは、スイスへの再度の亡命を余儀なくされる。それにしても、なぜかれはまっすぐドイツに戻らなかったのか。いろいろ事情はあったようだが、なかでもこの時期、「あの苦しい時代にアメリカで大口を叩いていた亡命者に国内にいたわれわれのなにがわかるか」というたぐいの中傷記事を、ドイツの新聞でときどき見かけるようになった。どうやらそれが最大の理由だったらしい。

こうしてアメリカをあとにチューリッヒに移り住んだのが一九五二年。マンはすでに七十七歳になっていた。そしてその二年後、七十九歳の年のはじめに、長らく中断していた『詐欺師フェーリクス・クルルの告白』をようやく完成させたあたりから、心身のおとろえが急激にすすみはじめる。なによりもつらいのは、読む力も書く力もおとろえ、いっこうに仕事が先にすすまないこと。「あらゆる創作力がなくなったとみえる自分の状態」に苦しめられ、その苦しみが日ごとに増して、ついにはシェイクスピア『テンペスト』中の、晩年のかれの愛用語だった「そしてわが末路は絶望」という台詞を日記にしるすまでにいたる。

そんな状態のまま年を越し、一九五五年六月六日、マンはチューリッヒの自宅で八十歳の誕生日を迎えた。それに先立ち、かれは最後の力をふりしぼるかのように、故郷の町、北ドイツの商業都市リューベックをめざして大がかりな講演旅行を敢行している。

――レセプション、祝宴、歓迎の横断幕、人また人の波、オートバイの警官の先導、講演、朗読の夕、名誉博士号授与、幕開けは「フィガロ」序曲や「ローエングリーン」前奏曲、そしてドイツ連邦大統領の祝賀講演……。

それらの催しのすべてにマンはすすんでつきあった。祖国とやっと和解できたというよろこびもあったのだろう。しかし結局はへとへとに疲れはて、ようやく迎えた誕生日ののち、かれは友人への手紙に「私の人生は一種の荘厳な解消状態にあるのではないかという不安な感情を何週間も前から抱いています」とつづる。

そして誕生日から一か月半ほどがすぎた七月二十二日（死の二十日まえ）——。

横になったまま溲瓶《しびん》へ放尿をするさいベッドやシーツが汚れた。すべて八十歳になるまで一度も経験のないことだ。不快きわまる、恥ずかしいことだ。

深夜のトイレ通いをきらってベッドのそばにおいてあった溲瓶を、うっかり使いそこねてシーツを汚してしまった。

いまは私も当時のマンとおなじ年齢なので、こうした記述を読むと、いやおうなしに自身のこととして考えてしまう。八十歳をこえてはじめて体験する惨事。いやはや「不快きわまる」と、そこまでは私も当たり前に理解できる。かならずや私もおなじように感じるはずだ。とすると、つぎの「恥ずかしい」は？　ううむ。ここはやや微妙なところだが、たぶん私は「長寿の母のうんこ」などを思いうかべ、それを極端につよく「恥ずかしいことだ」とまでは感じないのではないかな。

ところがね、マンはちがうのですよ、と池内さん。「最後のコーナーをまわったこの身が堪えなくてはならない屈辱」にも断固として屈しない。よかれあしかれ、それがマンという人物なのだ。かれは「最後まで精神の有効性をゆずらず、末期の目にうつる惨憺《さんたん》たる自分の記述にいささかもたじろがなかった」というのである。

*

老化ゆえのおとろえに真正面から立ちむかう人間と、それほどでない人間がいる。マンは前者で、私はどう考えても後者——。

でもこのちがいは、なにも老人になってとつぜん生じるわけではない。むしろ老人になるまでの長い時間をかれがどう生きてきたか、それぞれが身につけた行動の習慣によって決まると考えておいたほうがいい。じっさい、娘のエーリカ・マンが語るところによれば、彼女の父親の日常生活は若いころと同様に、老いたのちも杓子《しゃくし》定規といえるほど「規則正しく制御」されていたらしい。すなわち池内紀の要約によると、

作家、芸術家というものは内面に「大混乱」をかかえており、だからこそ日常をきちんと秩序づけなくてはならない。

「八時起床、〈目覚めのコーヒー〉。九時朝食。九時半から十二時半まで仕事（そのつどの〈主要課題〉）。……」

つづいて散歩と昼食、午睡、読書、お茶のあと「臨時の〈副次課題〉と通信」。（略）午前中の「主要課題」が目下執筆中の小説であり、エーリカが「副次課題」と名づけたのは、そのときどきの論説や反論や感想だった。

しかし、おなじころ『詐欺師フェーリクス・クルルの告白』を書きおえると、あとはもう、かれに新しい小説（主要課題）にとりかかる力はのこされていなかった。だからといって「たえず第一線にいて、一生かけて退くことのできない」ペンの生活を送ってきた」トーマス・マンには、ほかの作家たちがしばしばそうするように「より小まわりのきく雑文」（副次課題）に逃げこむことはできない。「闇は深いが、この理性の人は諦念といった東洋的な心情から遠いのだ」

みずからの老いの進行につれて「生きものの宿命とほどよくおりあいをつけていく」――その人生処方の知恵こそが池内のいう「諦念」なのだが、その種の知恵に身をゆだねてしまうのをマンはあからさまに拒んだ。「老いてはならず、みにくくなってもならない」といういしばりをじぶんにかけたのである。

そして、この反自然的なしばりが、おとろえゆくじぶんの見た目に対しても容赦なく適用される。その証拠に、かれはことのほか写真に撮られるのが好きで、晩年だけでも大量の写真がのこされている。それらを見ると、どれもが若いころと変わらぬ一分のスキもないスタイルで、カメラマンが「じいさん、少々やりすぎだよ」とひそかに呟いていたかもしれないような、やけに格好をつけた写真ばかりなのだ。

……家庭にあっても、セーターでくつろいだといった姿は一点もない。白いワイシャツで書斎のソファーにすわったのがわずかな例外で、それとても首元に蝶《ちょう》ネクタイをつけ、散歩用と思われる白靴をはいている。左手にタバコ、右手に洋酒のグラス、組み合わせた膝の上にメモ用紙。仕事部屋の作家というよりも、道具立てのそろった芝居の一場のようである。

同世代の日本の大作家でいえば、さしずめ、なにが起ころうとも冷え冷えと端正な外見を崩そうとしなかった島崎藤村といったあたりか。そんな自己愛のつよい厳格主義的な性癖をもった人物が、こともあろうに尿でベッドを汚してしまった。そのことで味わわされた屈辱感たるや、われら、いまどきの八十翁には想像もつかないほど深刻なものだったにちがいない。

さきに引用したマンの手紙に「私の人生は一種の荘厳な解消状態にある」という一行があった。推測するに、かれは老化や死を恥ずべき敗北とみなし、その必敗の運命に西欧（非東洋）的な悲劇の手法にならって抗うことで、じぶんの人生の終わりを土壇場で「荘厳」化してみせようと、本気で考えていたのである。

ようは日々の時間割を厳守し、わざとらしいまでに見た目にこだわり、端然と死に立ちむかってみせること。それが生涯をつうじてのトーマス・マンの行動の習慣もしくは覚悟だった。そしてその習慣や覚悟のまま、なんの準備もなく年老い、そのはてに、とつぜん溲瓶への放尿失敗という「不快きわまる」できごとに直面させられてしまう。

それをしも荘厳な悲劇と見るか、それとも騒々しいドタバタ笑劇と見るか。私にはやはり笑劇としか感じられないのだが、あえていうと、ちょっとなつかしい気もしないではない。

池内紀が七十代もなかばになってトーマス・マンの本を書いた。そうと知って最初は意外な気がした。これまでにかれが書いてきた、そして私も繰りかえし愛読している軽快な小伝の主人公たち――カール・クラウスやカフカやゲーテやモーツァルトなら、わかるのですよ。もうひとりの主人公「カント先生」だってわかる。しかし、こともあろうにトーマス・マンとはなァ。かれの芝居がかったふるまいに好感をもっていなかったはずの池内が、いったいなぜ？

正確なことはいえないけれど、そこにも私のいう「なつかしい気」が、なにがしか働いていたのではなかろうか。

いいかえると、とんでもないスケールの大作家や大知識人や大スターが平然と存在していた「私たちの時代」――いつしか過ぎ去った二十世紀を追慕する気分といったもの。「最後まで精神の有効性をゆずらず、末期の目にうつる惨憺たる自分の記述にいささかもたじろがなかった」

トーマス・マン、1949年7月31日、ワイマール訪問時
Bundesarchiv, Bild 183-S86717 /photo: Heilig / CC-BY-SA 3.0

——というよりも、実際には、たじろがないふりをしとおし、そのふりを人びとがそのまま受けとめてくれていた。つまりは社会での「大物」というあり方が大ざっぱに許されていた。そんな時代。さきの「平然と」にはそんな意味合いもあるのです。

＊

——と書いてきて、今世紀はじめに読んだ一冊の本のことが頭に浮かんだ。やむをえん。このあとは老人の糞尿話をはなれて……いや、そこに跳ぶまえに、すこし説明しておいたほうがいいだろう。

その本と出会う何年かまえ、必要あって、十二世紀初頭に滅んだ北宋の人・孟元老《もうげんろう》の『東京夢華録《とうけいむかろく》』という本を読んだ。「清明上河図」絵巻で知られる北宋の首都・開封《かいほう》の繁栄ぶりをきめこまかに回想した本で、すくなからずこころを動かされ、それをきっかけに訳者の入矢義高《いりやよしたか》の著作をぽつぽつと読むようになった。『求道と悦楽』『自己と超越』『空花集』『寒山（中国詩人選集5）』などですね。

入矢は唐や宋代の中国文学（とくに禅籍・禅文学）の研究者で、一九一〇年生まれ。京都大学や東方文化研究所（のちの京大人文科学研究所）で、吉川幸次郎や倉石武四郎や青木正児《まさる》の教えをうけた。

この人が京大人文研の助教授だったころの若い同僚に鶴見俊輔がいた。その鶴見がずっとのちに『かくれ佛教』という本で、かれを、中国禅宗の中興の祖・馬祖道一《ばそどういつ》や、寒山、良寛といった乞食坊主・破戒僧の系譜に親愛した人として、こう回顧している。

「私はたいへんいい感じをこの人から受けて、この人の著作をできる限り読んできた。入矢さんは、禅の研究家でもありますが、仏教を政治的な権力のために決して使わないというふうにして馬祖道一の禅は、日本にわずかながら生きてきたんですね」

鶴見とちがって、私は著作をとおしてのつきあいにすぎないが、ことばの扱いにきわめて厳密な、詩文の一字一句もゆるがせにせず、並はずれて深く本を読みこむ人という印象がつよい。したがって、おなじく「本を読む」といっても、私のような「早読み」の雑本多読派とは対極にいる人物。そのことをよろこんでみとめた上で、入矢の著作に接することで、じぶんにはとうていできない精密な読みを、いわば擬似的に体験させてもらっていたのだと思う。

そして、そんななかで、ある日、アマゾンのサイトでたまたま見つけたのが、この節の冒頭でのべた一冊の本——『入矢義高先生追悼文集』だった。びっくりしましたよ。なにしろ氏が一九九八年六月にガンで亡くなっていた（享年八十七）ことすら知らなかったのだから。

そして没後二年、百人近い内外の寄稿者が費用を分担し、A５判で五百ページ以上もある分厚い追悼文集が刊行される。発行元は汲古書院。すぐにとりよせ、なかの一篇——入矢の教え子のひとり、ウルス・アップの「初心」という文章で、こんな一節にぶつかった。

　人生を終わろうとしておられる先生にお会いした一九九八年四月十七日、先生は率直に、

諸研究会連合編
『入矢義高先生追悼文集』
汲古書院

自分は末期癌で、ほとんど時間が残されていないと言われた。

私が、身体が痛みますかとお尋ねしたら、大したことではないかのようにそれにはお答えにならずに、私がもっとも辛いのはね、もう勉強することができないことなんです、とおっしゃった。それでも読むことはおできになるかどうかと尋ねると、ええ、少しの時間ならね、でももう禅のテキストは読めないんです、と。そして、どんなご本を読んでおられるのかと問うと、漠然と言われた。「人生についてのものね」。


おなじ追悼文集によると、その二か月ほどまえ、宗教哲学者の上田閑照が病院にむかう入矢と市内バスでいっしょになった。そのとき入矢は「今年がやまです」とつげ、一呼吸して「本を読むことだけが楽しみです」といったとのこと。

ここでいう「本を読む」の本とは、おそらくまだ「人生についてのもの」ではなく、ウルス・アップがつたえる「禅のテキスト」を意味していたのであろう。

戦後もまもないころから、入矢は『臨済録』などの禅語録に焦点をしぼり、それらの「禅のテキスト」のことばを正確に理解しようと、唐宋時代の民衆的な話しことばの研究に没頭するようになっていた。長男の義明氏の回想によれば、このころの父は「とにかく勉強、勉強の毎日」で、そこにしか「生きている証」を見いだせないといったタイプの、どちらかといえば「険《けわ》しい」人だったという。

しかし晩年になるとようやくその険しさが消え、「一介の学生に返ったような生き生きとした表情で、やっと研究に悦楽を見い出している様子」をただよわせるようになる。「本を読むことだけが楽しみです」などと軽く口にするようになったのもだからこそ。

そして——、

死の直前、東京の出版社への支払申込書の連絡欄に一言、「もう本を買うことはないでしょう。」とあった。一九九八年三月のことである。死を目前にじたばたせず、病床で尚、禅の本に向かう父であった。自ら植えた満開のコブシを窓外に眺めやる顔は穏やかであり、晩年子供の様に可愛がっていた雑種犬のチロが、無邪気な表情で終始、ベッドの側にひかえていた。

ある人間の終わり方は、それまでにかれが身につけた「行動の習慣」によって決まる。ただし、おなじようにじぶんをきびしく律したまま最期を迎えても、入矢義高の終わり方はトーマス・マンのそれとはちがう。

私についていえば、むろん私は、ひとつの課題を死ぬまで追究しつづける真摯な研究者ではないし、「一生をかけて退くことのできないペンの生活」をおくる詩人や作家でもない。それでも、幼いころから本を読みつづけ、本なしでは生きることすらできなかった、いくらかモーレツ度の高い市井の読書人として、えらべることならマンよりは入矢のように終わりたいと思う。

見舞いにやってきた若い人がベッドの私にこうたずねる。

――本は読んでます？

――うん、すこしだけね。でも硬い本はもう読めないよ。

そんなふうに消えてゆくことができれば、いうことはないのだが。

嵐山光三郎「コンセント抜いたか・愉快な病院日記3」『週刊朝日』二〇一八年五月二十五日号
池内紀『闘う文豪とナチス・ドイツ――トーマス・マンの亡命日記』中公新書、二〇一七年
孟元老『東京夢華録――宋代の都市と生活』入矢義高・梅原郁訳、岩波書店、一九八三年／平凡社・東洋文庫（改訂版）、一九九六年
入矢義高『求道と悦楽――中国の禅と詩』岩波書店、一九八三年／岩波現代文庫（増補版）、二〇一二年
入矢義高『自己と超越――禅・人・ことば』岩波書店、一九八六年／岩波現代文庫（増補版）、二〇一二年
鶴見俊輔『かくれ佛教』ダイヤモンド社、二〇一〇年
諸研究会連合編『入矢義高先生追悼文集』汲古書院、二〇〇〇年

16　貧乏映画からさす光

私がものごころついたころの占領下の日本は、めちゃくちゃに貧しかった。焼跡をうろつく戦災孤児の群れ、ハデな安物をまとったパンパンのお姉さん、よれよれの兵隊服の男たち。食うものも乏しく、たまに配給されるアメリカ進駐軍のKレーション（缶詰の携帯食）が最高のご馳走だった。そんな時代ですね。

わかりやすく映画でいうと、戦後十年ほどのあいだに封切られた、木下恵介『大曽根家の朝』、斎藤寅次郎『東京五人男』、溝口健二『夜の女たち』、黒澤明『野良犬』などから、今井正『青い山脈』、小津安二郎『東京物語』、本多猪四郎『ゴジラ』、成瀬巳喜男『浮雲』などにいたる、モノクロ映画の最盛期――。

その記憶がつよすぎて、日本の現代史にしても、ついつい、これらの映画に映っているような戦後の光景を基点に、それ以前・それ以後というしかたで考えてしまう。いつしかそんな性癖が身についた。さしずめ野坂昭如に代表される戦後「焼跡派」の弟分といったところか。

須賀敦子
『トリエステの坂道』
新潮文庫

といって、

――しょせん、きみたちにはわからんだろうけどさ。

などと、えらそうにいうつもりはない。わからんのはお互いさま。私がそうであるように、私よりずっと若い人たちの歴史感覚だって、それぞれに、じぶんが少年や少女だったころの記憶を基点に、いわば特権的にかたちづくられているにちがいないのだから。

そんなしだいで戦後日本の貧しさについてなら私は骨身に沁みて知っている。しかし、少年の私はまだ気づいていなかったが、貧しいのはじつは日本だけではなかった。アメリカ合衆国を唯一の例外として、戦後の世界は、どこをとってもとことん貧しかったのである。

では、だとすると私は、いつどのように、その現実（アメリカ以外の世界の大半が貧乏）に気づいたのだろうか。

くわしい動機はあとでのべるが、このひと月ほど、戦後のイタリア映画をＤＶＤでまとめて見て、たぶんこれだな、これらの映画が情報源となって、少年だった私の目がアメリカだけでなく同時代の世界に向けてはじめて開かれたのだろうと、ようやく見当がついた。

具体的にいうと、さきにあげた日本映画の作品群と軌を一にして、おなじ時期のイタリアでも「ネオ・レアリズモ（新現実主義）」とよばれる一連の映画がつぎつぎに登場し、世界の映画界を震撼させた。そのうち、こんどあらためて見たものを製作順に列挙しておくと、

○ロベルト・ロッセリーニ『無防備都市』（一九四五年）、『戦火のかなた』（四六年）

○ヴィットリオ・デ・シーカ『自転車泥棒』（四八年）、『ミラノの奇蹟』（五一年）
○ルキノ・ヴィスコンティ『ベリッシマ』（五一年）
○フェデリコ・フェリーニ『道』（五四年）
○ピエトロ・ジェルミ『鉄道員』（五六年）

イタリアは第二次世界大戦でドイツ・日本と組んでファシズム枢軸国としてたたかい、ともに敗戦国になった。ただしイタリアはほかの二国とちがい、戦争末期に、国内で対ナチのパルチザン（ゲリラ）戦を敢行している。その輝かしくも悲惨な体験をもつ映画人たちが、戦後の混乱した庶民生活を題材に、なまなましい、ほとんどドキュメンタリー映画といっていいような鮮烈な作品を、たてつづけに発表した。

ここで忘れてならないのは、戦争終了時、米英軍の空爆と九か月におよぶパルチザン戦によって、国立チネチッタ撮影所をはじめとする映画スタジオの多くが活動不能になっていたこと。

それでも、なんとか映画をつくろうと思えば、カメラを持って街にでて撮るしかない。その現実の街や村で、群衆だけでなく、重要な役までもプロの俳優にまじって、ふつうの男女や子どもたちが演じるという、それ自体がゲリラ的な映画手法が編みだされ、さきのリストにあるようなネオ・レアリズモの名作がたてつづけに生まれることになった。

とはいうものの当時の日本人が、これらの映画を、ただちにリアルタイムで見られたわけではない。

なにしろ占領軍はアメリカ映画を最優先し、ほかの国々で製作された映画の上映には、いわず語らずの規制を課していましたからね。日本での公開はようやく占領も終わりにちかい一九五〇年あたりから。ただし私のような子どもが封切館で見る機会はすくなく、こうした地味な作品となると、たいていは何年かのち、場末の三番館や名画座で見るのがふつうだった。これらの映画にしても、おそらくは五〇年代後半、高校生のころにはじめて見たのだと思う。

——あれ、ここにも焼跡や闇市があるぞ。戦災孤児やパンパンや職にあぶれた男たちもいるし、アメリカ軍が放出したKレーションもでてくる。なにもかも、しばらくまえの日本にそっくりじゃないの。

いや、なにもイタリア映画にかぎらない。イギリスの、デヴィッド・リーンの『逢びき』やキャロル・リードの『落ちた偶像』、フランスのアンドレ・カイヤット『裁きは終りぬ』、アンリ＝ジョルジュ・クルーゾー『情婦マノン』、ルネ・クレマン『禁じられた遊び』などの、同時代のヨーロッパ映画にはじめて接したのも、おなじ五〇年代の後半だった。

ドイツ映画はまだ復活していなかったけど、それでもロッセリーニの『ドイツ零年』やキャロル・リードの『第三の男』などの現地ロケによって、敗戦直後の荒廃したベルリンやウィーンの光景や人びとの暮らしぶりも、なんとか目撃できたしね。

そしてこれらの映画体験をつうじて、やがて、日本の場合は「占領」だったが、東欧やほかの少数の国（フランコ独裁下のスペインなど）をのぞく西ヨーロッパ諸国は、「マーシャル・プラン」として知られる大がかりな経済復興支援計画によって、強大化したアメリカの経済圏にいやおうなしに組みこまれ、それが米ソ冷戦の時代にまっすぐつながってゆく、というようなことも次第に理解するようになるのだが……。

——うーん、でも見た当座となると、どう考えても、そこまで深くは認識していなかったぞ。

それよりも、世界には、それまで少年の私を魅了してきたハリウッド映画の途方もない明るさとは別種の、焼跡と貧困のどん底から、あるかなきかの、かすかな光をみつけようとする多くの映画があることを知り、いつしかその暗い魅力に共感するようになった。それにつれて、いままで暗くていやだと感じていた日本映画（娯楽映画以外の）までが魅力的に思えてきた。そういったほうが妥当な気がする。

＊

で、ここから話は須賀敦子の『トリエステの坂道』に跳ぶ。じつをいうと、この本こそが、さきほど「動機はあとでのべる」と書いた、私がイタリアの戦後映画を見なおそうと思い立った、その「動機」にほかならないのです。

と書けば、須賀の熱心な読者なら「ああ、あのことか」とすぐ気づくにちがいない。そうでない方は、まずは、この本におさめられた「ガードのむこう側」という文章の、「その日、私は一九五一年にヴィットリオ・デ・シーカが監督した『ミラノの奇跡』という映画を見たころのことを、夫に話していた」とはじまる一節を読んでみてください。

それは、見わたすかぎり焼け野原という戦後の風景のなかで、地下の油送管が破れたのを、石油を掘り当てたと勘違いして大さわぎする人々をめぐるコメディーで、トトという孤児院そだちの善良な主人公が、もと貴婦人やら、大学教授、イカサマ師、夜の女などと結託して、その土地の買収をたくらむ資本家に立ち向うという、なんとも他愛ないストーリーだった。ネオ・レアリズモと幻想が奔放に交差する手法が、しかし、あのころの私たちにはたとえようもなく新鮮に思われ、焼け跡にはいろいろな感慨があった戦後の日本でも評判になった。

須賀のいう「夫」とは、いうまでもなく、ミラノ・コルシア書店の中心人物のひとりで、ほどなく早逝するジュゼッペ（ペッピーノ）・リッカをさす。そのペッピーノとともに、しばしば彼女は都心部のはずれにあるかれの実家——鉄道員だった父から母親がひきついだ六階建ての鉄道官舎をたずねていた。

その家で、ある日、むかし見た『ミラノの奇蹟』について、「あんまりおもしろかったから、三回も見ちゃった」と話すと、あはは、とペッピーノが笑っていった。

「あの映画のシーンはどこで撮ったか知ってるかい？」
「わからない」
「土手のむこうさ」

「むこうって？」
「三ツ橋のあっち側だよ。あそこならデ・シーカらしく、背景になにもつけくわえる必要がなかったんじゃないかな」

須賀もびっくりしたろうが、私もおどろいた。彼女に数年おくれて、九歳下の私もおなじ映画を、その「おもしろさ」にひかれてなんどか見ていたからです。といっても、もう半世紀以上もまえのことだから、

——空襲で家を失った人びと（なぜか奇人変人ばかり）が、広い空き地に建てた廃物利用のバラックでがやがやと暮らしている。しかし、そのせっかくの集落がチャップリンの無声映画にでてくるような太った資本家とまぬけな警官隊の手によって破壊され、最後は、追いつめられた何十人ものホームレス（といっても空襲の被災者だから家族持ちも多い）の群れが、主人公のトトを先頭に、ミラノの大聖堂前広場から箒《ほうき》にまたがり、歌いながら、たれこめる雲の彼方の理想郷めざして消えてゆく——。

いまとなっては、もはやそのていどの記憶しかのこっていないのだが、それでも、あのバラック集落の光景だけは、なんとかいきいきと思い浮かべることができる。

その広大な空き地が、十数年たってもまだ鉄道官舎まえの「土手のむこう」にひろがっていたというのだからね、そりゃあ、おどろきますよ。ペッピーノの話では、土手の上はミラノ・ローマ間の鉄道線路になっていて、十年ほどまえに死んだかれの父親は、すぐそこに見える線路わき

の信号所につとめていたらしい。

そうと知った以上は、あのなつかしい映画をぜひもういちど見ておきたい。そこで、さっそくネットのレンタル・サイトで借りてきたら、なるほど、その草ぼうぼうの土手なるものが繰りかえし、なんどもでてきた。

たとえば、この土手を集落の住人たちや警官隊が懸命によじのぼったり転げ落ちたり——そんなまぬけな騒動を通りすぎる列車の窓から乗客たちが笑いながら見ていたりする。ただし土手のあちら側にあるはずの六階建ての鉄道官舎や信号所は、どこにも見あたらない。なぜだろう。撮った場所がちょっとずれていたのだろうか。

この土手は、のちに手にした大竹昭子の写真ルポ『須賀敦子のミラノ』によると、いまは「堤全体がコンクリートの壁で土どめされて」いるらしい。「土手沿いの壁にヨーロッパの各地で見られるアメリカ風のグラフィティーが描かれ、道端には自動車の部品や廃品などがころがり、『昼間でもひとりでは歩きたくない、どこかうさんくさい空気』はいまもかすかに残っている」のだとか。

——あそこならデ・シーカらしく、背景になにもつけくわえる必要がなかったんじゃないかな。

そうペッピーノがいうのは、それまでにデ・シーカが『自転車泥棒』や『靴みがき』などの冷徹非情な作品で、セットにたよらず、できるかぎりロケで撮るというネオ・リアリズモ映画の原則をきびしくつらぬいていたからだ。

ところが、にもかかわらずデ・シーカは、じぶんの新作に、箒にまたがったホームレスたちが歌いながら天空の奥ふかくに消えてゆく、というような「幻想」シーンを平然と導入してしまった。

　そういえば、こんど見て思いだしたが、終わりだけでなく、この映画は、無邪気なおばあさんが朝のキャベツ畑でワンワン泣きわめく裸の赤ん坊（トト）をみつけるという、よくある「おとぎ話」ふうの光景からはじまっているのだった。その意外な、でも明確に意図された「他愛なさ」が、おそらくは須賀や、そして私のような「あのころの私たちにはたとえようもなく新鮮」なものと感じられたのだろう。

＊

　そして、もうひとついうと、ミラノならぬこの時期の東京にも、じつは大小とりまぜて、この種のルンペン集落があちこちに存在していたのです。

　とりわけ忘れられないのが、中央線・御茶ノ水駅の外堀（神田川下流）側の急な斜面にあった、ちっぽけな集落。あれで十軒ほどもあったろうか、プラットホームに立つと、すぐ目のまえに焼けたブリキや廃材でつくったバラック群が見えた。たいていはひっそりしていたけれど、ときには洗濯している女性や、ぼんやりとこちらを眺めている子どものすがたを見かけるようなこともあった。

　そしてこのいつも見慣れた光景が、『ミラノの奇蹟』とおなじ一九五一年に刊行された獅子文六の『自由学校』という小説によって、にわかに有名になる。いや正確には、同年、松竹と大映という二つの映画会社がきそって映画化し、おなじ五月に同時封切りしたことによって、というべきか。なにしろそのことで、五月の第一週を「ゴールデンウィーク」と呼ぶ習慣が生まれたくらい大きな話題になったのだから。

この昔むかしのベストセラー小説が、思いがけず、二〇一六年にちくま文庫から復刊された。こまかいことはそれで読んでもらうとして、この小説の勘どころは、中年サラリーマンの五百助《いおすけ》(体重八十キロの茫洋たる巨漢)が、会社づとめと威勢のいい妻の圧政を逃れ、放浪のはてに、お茶の水(作中ではお金《かね》の水)のバラック集落に住みつくところにあった。

孤児院を卒業したトトは大事な鞄をぬすんだコソ泥の手引きで土手のむこうの集落にたどりついた。同様に五百助も、水道橋の防空壕で出会った「拾い屋」(廃品回収業。「バタヤ」ともいった)の老人によって、外堀にかかるお茶の水橋をわたってすぐ右側の細道を下った斜面の集落にみちびかれる。

五百助も、この谷間に人が住んでることを、中央線で通勤してる時代に、眼にとめないでもなかったが、戦後の住宅払底の現象として、驚くに値いするとも思わなかった。ただ、少し殺風景な気持はしていた。悪くいえばゴミ捨て場の中に、人間が住んでるようで、もうちっと、工夫はないかと、思っていたのである。ところが、今、爺さんの後について、深く、谷間へ降りていくと、電車の窓から見たのと、ひどく、印象がちがうのである。

ちがうのも道理、見た目とはことなり、この集落は、最初に小屋を建てた「爺さん」と、あとにつづく「家を求める術《すべ》のない人々」が、みずからの手でつくりあげた「生活共同体」だったのである。

警察や区役所から文句をいわれないように共同便所を設けたし、輪番制で水くみ場を清掃する決まりもある。住民のほぼ全員が拾い屋《バタヤ》なので、ワラやムシロを灰にして農家にとどけるというようなゴミ加工もはじめた。ほかの品々もふくめて、「仲買人の搾取」を避けるべく、ここで分類したゴミをじぶんたちで問屋に持ちこむという廃品回収のしくみが生まれていたのだ。

おかげで生来、怠け者の五百助も、このごろはゴミ拾いで「百円ぐらいしか稼がない」――煙草はモク拾い、入浴も冷水浴ですむし、だから「よけい稼いでも、意味ないのである」といったバタヤ暮らしをつづけるうちに、それまでとは「比較にならない、心の自由と安定」を感じるようになった。

獅子文六『自由学校』
ちくま文庫

こんなに早く、こんなに近く、彼のエデンの園を発見しようとは、夢想もしなかった。あまり、ラクに発見したので、果して、これがホンモノであろうかと、疑心暗鬼も起こるのであるが、とにかく、彼の空想と、はなはだしい隔りはない気がするのである。この谷間では、時代と社会の支配力が、非常に弱められ、個人がラクラクと呼吸してるのは、争えない事実なのである。

ここでの集落の記述は、おそらくまったくのフィクションではなく、作者自身や、この小説を連載した朝日新聞の担当記者が実地にしらべ、それをもとに書かれたものだったのであろう。ただし、そこを「時代と社会の支配力」のそとにある「個人がラクラクと呼吸」できるような「エデンの園」——のちに網野善彦が日本の中世に発見した「無縁」のアジール（避難所）として、さらにいうならば五百助にとっての「自由（の）学校」としてとらえたのは、いうまでもなく獅子文六の思いつきだった。思いつき、もしくは想像力のなせるわざ。ようするに「幻想」です。

ただし、これとおなじ時期、かならずしも「幻想」とはいいきれない、しかも、のちの須賀敦子とも無縁ではないような自立した「生活共同体」に向けての試みが、まったく存在しなかったわけではない。浅草の言問橋西詰（浅草寺側。いまの隅田公園）にあった「蟻の街」とよばれるバタヤ集落がそれ——。

東京大空襲で家も生業も失った人びとが、その焦土に古い木材やトタンや紙箱やむしろのバラックを建て、廃品回収によって辛うじて日々の糧を得ていた。その人びとが一九四〇年代末、元ヤクザともいわれる小澤求を中心に、やがて「蟻の街」と呼ばれるようになる自治組織をつくり、戦前の劇作家・松居松葉の息子で、脚本家・文筆家の松居桃楼《とうる》、聖フランシスコ修道会のゼノ修道士などの、いささかならず奇人めいた支援者たちとともに、国や自治体にたよらず、じぶんたちだけの力で生きていこうという活動をはじめる。

以下、おもにウィキペディアによってしるすと、この約六百坪の土地は、もともと戦災者や引揚者や戦没者遺族などの援護にあたる「同胞援護会」という社会福祉法人が管理していたもので、小澤がそれを借り受け、仕事のない人びととその家族を住まわせて、ガラスくず、鉄・銅くず、縄くず、紙くずなどを回収して再生工場へ送る自前の「仕切り場」としたのだという。報酬は出来高払いで、「仕切り場はいわば生活共同体となった」とウィキペディアはいう。松居桃楼は、その同胞援護会に近い法律事務所所長の「秘書」兼「事務長」でもあったらしい。

そして、この過程で、いつしか活動のシンボル（『ミラノの奇蹟』ではトトに当たる）と目されるようになったのが、北原怜子《さとこ》という、まだ二十代の熱心なクリスチャン女性だった。

北原は一九二九年生まれ。東京農大教授の娘で、桜蔭高女（現・桜蔭中学／高校）と昭和女子薬学専門学校（現・昭和薬科大学）でまなび、一九四九年、メルセス会女子修道院で洗礼をうける。一九五三年にでた彼女の『蟻の街の子供たち』という本によると、北原はその三年まえ、たまたま出会ったゼノ修道士（黒い修道服の「白いお髯の爺さん」）によって「蟻の街」の存在を知り、最初は慰問のため、のちにはみずから街に住みこんで、子どもたちの教育環境をととのえるべく、バタヤのひとりとして働くようになった。

ところが、まもなく「蟻の街」は東京都に立ち退きをせまられ、だったら移転先をよこせとあの手この手の折衝をつづけた結果、都の斡旋によって深川八号埋立地（現在の潮見）に五千坪の土地を買い取り、そこに移転することになる。そう決まったのが一九五八年一月二十日。そしてその三日後に北原は過労と結核によって死去する。まだ二十八歳だった。

（この項つづく）

須賀敦子『トリエステの坂道』みすず書房、一九九五年／新潮文庫、一九九八年
須賀敦子『ミラノ 霧の風景』白水社、一九九〇年／白水Uブックス、二〇〇一年
大竹昭子『須賀敦子のミラノ』河出書房新社、二〇〇一年／文春文庫『須賀敦子の旅路』（＊）二〇一八年
獅子文六『自由学校』朝日新聞社、一九五一年／ちくま文庫、二〇一六年
北原怜子『蟻の街の子供たち』三笠書房、一九五三年／聖母の騎士社・聖母文庫、一九八九年

＊『須賀敦子の旅路』は、ミラノ、ヴェネツィア、ローマと須賀の足跡をたどった著者のシリーズに書下ろしの東京篇を増補しまとめたもの。

17　柵をこえる

一九五三年に、北原怜子《さとこ》の『蟻の街の子供たち』と松居桃楼《とうる》の『蟻の街の奇蹟』という二冊の本が、あいついで刊行された。

そして一九五八年、北原の死の直後に、あらためて松居の『蟻の街のマリア』という伝記が出版され、松竹で五所平之助監督によって映画化される。『自由学校』の映画は、たしか吉村公三郎監督の大映版を中学生のころに見たと思うが、こちらは見ていない。北原や松居の本も読んでいない。なのに「蟻の街」のことは、それなりにしっかりおぼえている。新聞や週刊誌（ただし一九五三年はまだ『週刊朝日』と『サンデー毎日』と『週刊サンケイ』しかなかった）が、よっぽどハデに報じていたのだろう。

——ほほう、では須賀さんは？

もちろん知ってたんじゃないの。須賀敦子は北原とおなじ一九二九年生まれで、松山巖の『須賀敦子の方へ』によると、聖心女子学院高等専門学校在校中の一九四七年（翌年、同校は聖心女

松山巖
『須賀敦子の方へ』
新潮文庫

子大学に切り替わる)、十八歳の年にカトリックの堅信礼を受けている。北原の(堅信礼に先だつ)洗礼は四九年だったから、ほぼ同時期と見ていい。そんな須賀が「蟻の街のマリア」の出現に、なにがしか関心をいだかなかったわけがないのだ。

なかんずく――。

当時の須賀については、いまもあげた松山巖の本にくわしいが、それによると、このころ聖心女子大では、全学生に「三河島セツルメントの子どもたちを〔学内に〕招き、世話をしたり、日曜学校、バザーなどへの参加」が義務づけられていたらしい。戦前の東京下町では、ボランティアの大学生や教会関係者が三河島などのスラムに住みこんで、子どもたちの教育や医療にあたるセツルメント(社会福祉)活動がおこなわれていた。そのつながりが戦後の聖心でよみがえり、若い須賀もその活動に積極的にかかわっていたらしい。

と、そのようにしるした上で、しかし、と松山は語をつぐ。

大学生の須賀は、奉仕活動を通じ、三河島のセツルメントや日曜学校で、貧しかった当時の日本でも、さらに困窮した最下層を生きる子どもたちに出逢《であ》った。多くは戦争で親を失った戦災孤児だったはずだ。子どもと仲好くなって、はじめは信仰をまさに実践していると考えたに違いない。しかし慈善活動に学校の行事として積極的に参加しながらも、いや、し続けたからこそ、(略)慈善には自己満足に陥る危険性が伴っているという思いが萌《きざ》してはいなかったか。(『須賀敦子の方へ』)

松山がそう感じたのは、ずっとのち、一九七七年に聖心女子大の同窓会会報によせた文章で、五十歳ちかくなった須賀が、こんなふうにのべているのを読んだからだった。

> 福祉という柵を設けて、ふつうの人間と同じように生きられないと私達の決める人を、そこに閉じこめてしまう。そして、自分は、福祉のお世話になんかならないで済む世界に、ぬくぬくと生きている。もし私が、そんな福祉の対象になる立場に置かれたとしたら、どんなにつらいだろうか。（「福祉という柵」）

福祉や慈善の活動にはげみ、子どもたちと仲よくなればなるほど、「ぬくぬくと生きている」じぶんのめぐまれた境遇に充足し、そのことで「あらゆるハンディキャップを負った人たち」から遠い人間になってしまう。どう考えてもこれは「自分の求める社会」とはちがう。そう須賀がしるすのを読んで、たぶん彼女は三十年まえのあの奉仕体験によって、こんなふうに考えるようになったのではないか、と松山は推測した。おそらくそういうことだったのだろうと私も思う。

ではこうした福祉や慈善の「柵」をどう乗り越えればいいのか。

まず考えられるのは戦前のセツルメント活動家たちがそうしたように、じぶんがスラムに住み、そこで「最下層を生きる」人びとともに生きること。そして大学教授の娘で、姉の嫁いだ浅草の大きな履物問屋で「ぬくぬく」と暮らしていた北原怜子（つまり「いいとこのお嬢さん」）がえらんだのが、その生き方だったのです。

入信してまもなく、ゼノ修道士に頼まれてクリスマス会を手伝ったのをきっかけに、北原は頻繁に「蟻の街」に足をはこび、子どもたちの面倒を見るようになった。寄付された衣類や文房具をとどけ、読み書きや算数をおしえ、病気の子を見舞う。あるいは、じぶんの部屋でピアノを弾いて聖歌をおしえるとか、メルセス会女子修道院の復活祭の催しに子どもたちを連れてゆくとか、などなど。

ところが、北原の『蟻の街の子供たち』によると、こうした活動をつづけるうちに、若い須賀とおなじく、彼女もまた「慰問をする」じぶんと「される人びと」とのあいだに「目に見えぬ大きな溝」があると感じるようになる。そこである晩、思いきって「蟻の街」の精神的支柱ともいうべき「松居先生」のバラックをたずねると、そこで「正直の話、僕はカトリックが大嫌いだから」という先生に、こてんぱんに痛めつけられてしまった。


「いわゆる慈善事業が、何千年つづいて来ても、世の中から貧乏人がへらないのは、そこなんですよ。金持ちのお嬢さんが暇つぶしに、お小遣いの余りを貧乏人に恵んで歩いたって、世の中はよくなりっこないのです。（略）ありがたいというより貧乏人にとっては、ほんとうに不愉快なことなのです。心から気の毒だと思う気持ちがあるのだったら、一緒に裸になって、一緒に苦労しないではいられない筈じゃありませんか」（『蟻の街の子供たち』）

北原も頑固で真摯なカトリック信者だったから、その場ですぐに納得したわけではない。しかし「イエズス様が、一未信者の口をかりて」私をはげましているのだと考えなおし、やがて「蟻の街」の一員として暮らす決心をかためる。そこでまずやったのが、じぶんの住まいをかねた二階建ての勉強小屋を建て、空き箱で代用していた勉強机を買うために、子どもたちといっしょにリヤカーを引いてゴミ回収をすることだった。最初のうちは恥ずかしかったけれども、すぐに慣れ、しばらくすると大きな板囲いの「バタ車」を借りて、上野公園や川向こうの花街にまで遠出するようになっていたのだとか。

＊

ここまで書いたところで、ちょっと気になることがでてきた。この『蟻の街の子供たち』は、じつは北原怜子がじぶんで書き下ろした本ではないのです。

じっさいには彼女の私信や子どもたちの作文をあとから編集したもので、三笠書房の編集者にすすめられ、北原が拒むので、やむなく「松居先生」こと松居桃楼が「責任を負う」かたちで刊行されたらしい。とすれば、とうぜん松居の筆もかなり加わっていたにちがいない。そのことは「この著書の内容のよさは、すべて彼女のものであり、字句の誤りその他の不備な点の責任は、すべて私にあることを言明しておく」という松居名のあとがきからも想像がつく。

ただし、どこまでが北原がじぶんで書いたことで、どこからが松居の考えなのかが、よくわからない。そこで同じ年に松居がだした『蟻の街の奇蹟』という本をあわせて読んでみることにした。といっても六十年以上もまえにでた本だから市立図書館にはない。でも、さいわい県立図書館の検索ページで見つけることができたので、さっそく取り寄せてもらった。

そこでまず結論からいうと、さきの「僕はカトリックが大嫌いだから」にはじまる一文もふくめて、すくなくとも「先生」の発言は松居が書いた（もしくは大幅に手を入れた）ものとしか考えられない。なにしろハイテンションのお説教口調が、かれ自身の本にあまりにもよく似すぎているのだ。かといってつい気軽にそうしてしまったというのではないですよ。この本を読んで知ったのだが、これにはそれなりの理由があったのである。

松居桃楼は一九一〇年生まれ。かつては日本統治下の台湾で演劇行政にかかわったこともある「夢見る策士」タイプの人物だったらしく、「蟻の街」（命名者は松居）の生活にかかわるうちに、ここでも新しい夢想がいつしか大きくふくらんでしまう。

――警視庁のしらべでは、いまの東京には大小合わせて一八八のバタヤ集落があるという。その全住民が福祉や慈善に頼らず、じぶんたちの力で暮らしていけるような「桃源郷」（大規模なゴミ回収システム）をきずけないものか。

ところが、これとおなじ時期に、じつは東京都の側でも、これらの集落を順次撤去すべく、その準備が着々とすすんでいた。こうしたお上の暴挙に対抗するにはマスコミの力を利用して広く世論にうったえるしかない。そのための切り札として「カトリックが嫌い」なはずの松居が思いついたのが、なんと、「蟻の街」のまんなかにカトリックの教会を建てることだった。――「蟻の街」だけならあっというまに焼かれてしまう。しかし教会となれば、そうそう簡単にはつぶせまい。

そこで一九五一年、ゼノ修道士の尽力もあって、さきの二階建てのオンボロ小屋の屋根に木の十字架を立てて「蟻の街の教会」が発足する。『蟻の街の子供たち』の出版も、北原怜子を「蟻の街のマリア」と呼んでつよい光をあてたのも、すべてはこのせっぱつまったマスコミ戦略の一環だったのである。

さいわいこの作戦はめざましい成功をおさめ、深川の潮見地区に広大な代替地を手に入れることができた。ただしその後、高度経済成長がすすむにつれて住人の数が減り、六〇年代になるとバタヤ集落はすっかり姿を消してしまう。バタヤ桃源郷の夢の終わり。いまはあの「蟻の街の教会」の後身にあたる「カトリック潮見教会」だけが、辛うじて生きのびているのだとか。

で、以下は余談になります。この『蟻の街の奇蹟』という松居の本を読んでいたら、終わりち

北原怜子
『蟻の街の子供たち』
聖母の騎士社・聖母文庫

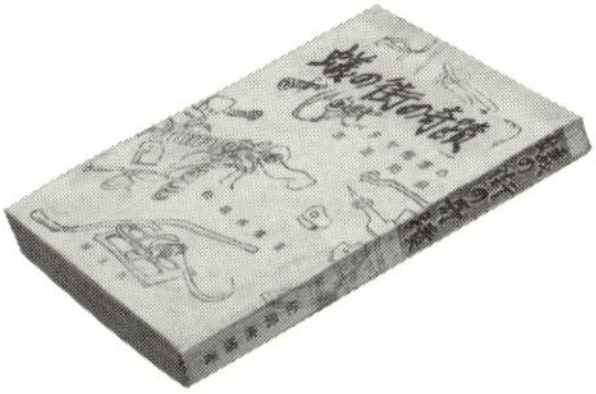

松居桃楼『蟻の街の奇蹟』
国土社

かくで、思いがけずこんな記述にぶつかった。

ある雨の日、「松居さん、いる？」と、「蟻の街」のかれの部屋を、国土社という小出版社の編集者がたずねてきた。今朝、ラジオのニュースを聞いていたら、「東京都がバタヤ部落をつぎつぎに焼き払う」というので、びっくりしてとんできたのだという。そこで例によって、「蟻の会は現代のメシヤだと僕は信じているんだ。（略）蟻の会は、世界中のひとが素裸になって蟻の運動を起せば、天国は目の前に現われると教える。（略）バタヤ部落を犯罪の温床だなんていうけれど、本当の犯罪の温床は刑務所と警察と〔東京都の〕民生局なんですよ」

そういつもながらの熱弁をふるっていたら、その「バタヤの聖書」をうちで出版させてくれませんか、と編集者がいった。じつはそれがいま私の書いているこの本だというのである。

しかしホントにおどろいたのはそのあと。念のためあとがき（「余白をかりて」）に当たってみたら、そこにこんな一行がとびだしてきた。

「とくに二年間雨の日も風の日もバタヤ部落にかよって、私をはげましてくれた山口瞳君には感謝のことばを知らない」

――えっ、山口瞳って、あの？

しらべると、たしかに山口瞳は一九四六年、十九歳のとき「鎌倉アカデミア」（戦後、多彩なジャンルの芸術家や知識人が創設した自由大学校）に入学し、その一方で国土社に就職して、編集者として七年半そこにつとめていたらしい。

しかも松居はおなじあとがきで、「山口君が蟻の街をおとずれるきっかけをつくってくださった吉田謙吉氏夫妻」にも、あわせて感謝の意を表している。

吉田謙吉は、築地小劇場の第一回公演『海戦』で名をあげた前衛的な舞台装置家で、関東大震災で廃墟と化した銀座を舞台に、「考現学」の同志・今和次郎とともに、「バラック装飾社」という奇抜な建築活動をくりひろげたことでも知られている。だから、いわば焼け跡のバラック天国の先駆者ですよ。したがって松居桃楼にとっては演劇とバラック運動の両面で大切な人物だったのだろうが、じゃあ山口瞳にとっては？　おそらく「鎌倉アカデミア」での師弟として知り合ったのだと思うけれども、それをたしかめる元気がいまの私にはない。ざんねん。

＊

思わず長々と書いてしまったが、須賀敦子にすこしおくれて青春期をすごした特権によりかかって、いまここで私がいいたいのは、ようするに、

――あのころ須賀が悩み、新しい時代のカトリック教徒としてどう生きてゆくかを真剣に考えはじめたのは、ほかでもない、まだ東京のいたるところにバラック集落があり、おおぜいの難民化した人びとが身近にいた、そんな環境においてだった。

ということなのです。

そこで、ふたたび松山巖の『須賀敦子の方へ』にもどっていうと、このころ、つまり北原が「蟻の街」の住民となった五〇年代初頭、須賀敦子は慶應大学大学院（社会学）に籍をおき、武

者小路公秀《きんひで》や、有吉佐和子といった他大学の若者たちと、カトリック学生連盟の一員としての活動をはじめていた。

須賀の大学院入学が一九五二年。この年の日本は「血のメーデー事件」や「破防法（破壊活動防止法）反対闘争」などで政治的にも激しく揺れていた。もちろん二年まえにはじまった朝鮮戦争もまだつづいている。

そんな時代に彼女が参加したカトリック学生連盟は、全学連のような戦闘的な学生組織でこそなかったが、ナチス占領下のフランスのレジスタンス運動から生まれた「神を信じようが信じまいがともにファシズムとたたかう」という姿勢をひきつぎ、聖と俗とをへだてる垣根を取りはらう「カトリック左派を標榜していた」らしい。そして当時のフランスでは、と『コルシア書店の仲間たち』で須賀がしるしている。

……この「カトリック左派の」神学を一種のイデオロギーとして社会的な運動にまで進展させたのが、エマニュエル・ムニエだった。彼が戦後、抵抗運動の経験をもとに説いた革命的共同体の思想は、一九五〇年代の初頭、パリ大学を中心に活躍したカトリック学生のあいだに、熱病のようにひろまっていった。教会の内部における、古来の修道院とは一線を画したあたらしい共同体の模索が、彼らを活動に駆りたてていた。（「銀の夜」）

そしてもうひとつ、須賀たちは、ムニエのいう「あたらしい共同体」の実践例として、「エマウス」という社会運動がはじまったらしいという噂も、カトリック・ネットワークをつうじて、ぼんやりとではあるが耳にしていたと思われる。

なにしろアメリカ以外の全世界が貧乏だった時代なのだ。ミラノや東京にかぎらず、パリの街でも、戦争によって住む場を奪われた多くの人びとが生きるすべもなくさまよっていた。そんななかで一九四九年、アベ・ピエール神父の提唱によって、これらの人びとがゴミ回収によって自分と他人の生活をささえあう運動がそだってゆく。それがエマウス共同体《コミュニティ》運動――。

と書けば、この運動が日本の「蟻の街」によく似ていたことがわかるだろう。じっさい、エマウス運動の開始された四九年に来日した西宮のカトリック夙川《しゅくがわ》教会のロベール・ヴァラード神父が、その後、蟻の街の北原怜子と出会い、それをきっかけに、神戸で「暁光会《ぎょうこうかい》」というゴミ回収による共同生活運動をはじめているのだから。

そして、やがてその暁光会がエマウスの日本支部になる。しかも松山巖作成の年譜によると、おなじころ夙川の実家に帰省した須賀がヴァラード神父の活動を知り、参加を申しでたが「女の子はいらない、文学をやりなさい」とことわられた、というようなこともあったらしい。

とすれば、さきに私は「須賀は北原や蟻の会になんらかの関心をもっていたはず」という意味のことを書いたけれども、あれもまんざら根のない推測ではなかったのだ。

おなじ松山の年譜に、須賀が東京でデ・シーカの『ミラノの奇蹟』を見たのは一九五一年だったとある（ただし日本封切は五二年十一月だから、正確にはそれ以降だろう）。

つまりはミラノでもパリでも東京でも、世界の各地で「最底辺の人びととのユートピア的な生活共同体」というヴィジョンがバラバラに生まれ、神を信じようが信じまいが、それがなにがしか魅力的な（ときには愉快な）ものと感じられていた、そんな時代。そういえば、いま思いだしたぞ。「蟻の街」の活動をフォローしつづけた『サンデー毎日』で、加藤芳郎の貧乏マンガの傑作『オンボロ人生』の連載がはじまった。あれがやはり一九五四年のことだったのです。

＊

かくも困難な時代にひとりのカトリック教徒として私はどう生きていけばいいのか。

そのことをたしかめたいと、一九五三年に、須賀敦子は政府援助留学生として、カトリック左派運動やエマウス運動の本拠地であるパリにむかった。しかし、とうとう納得できる解答を得られないままに、一九六〇年、いくつかの偶然の出会いもあってミラノ・コルシア書店の活動に加わり、その中心にいたペッピーノと結婚する。

この間の遍歴については『ミラノ　霧の風景』や『コルシア書店の仲間たち』などの著作にくわしいので、とくには触れない。ここでの私の関心は、阪神間の、きわだって知的で裕福な家庭にそだった若い女性が、鉄道員の息子ペッピーノとの結婚によって、生まれてはじめて貧困の現実をじぶんで生きることになった、その落差によって須賀がうけた衝撃の深さにある。それを知る手がかりとして、もういちど戦後イタリアのネオ・レアリズモ映画に頼ることにしたい。

戦争が終わって十年がたち、マーシャル・プランの時代も終わって、庶民の暮らしはいくぶんか楽になっていた。そんな時期、つまりネオ・レアリズモ運動の末期につくられた映画に、ピエトロ・ジェルミ監督の『鉄道員』がある。『ミラノ 霧の風景』中の「鉄道員の家」によると、一九五六年製作のこの映画を、須賀はペッピーノが六七年に死んで二十年ほどのち、東京ではじめて見たらしい。

……［夫が死んでまもないころに］もしこの映画を見ていたら、おそらく私は自分が溶けてしまうほどの、もういちど立ち上がれないほどの衝撃を受けただろう。ごくはじめのところで、主人公［ジェルミ監督がみずから演じるローマ・ミラノをむすぶ急行列車の機関手］が夜中によっぱらって家に戻ってくる場面がある。ドアに鍵をさしこんで家に入っていくと、家族はみんな出かけていて、あたりは真っ暗だ。その瞬間、あ、スイッチは左側にある、と私のなかのだれかが言って、私を完全に打ちのめした。どの鉄道官舎も間取りが似ていて、映画に出ているアパートメントは、それほど、あのミラノ・ローマ本線の線路沿いの夫の実家そっくりだったのである。

いかにもこの時期になると、庶民の暮らしはたしかにいくぶんか楽になっていた。とはいえ、それは敗戦直後の極限的な貧しさにくらべればという話で、おなじ時代の日本と同様に、とうてい豊かといえるまでにはなっていない。

そんななかで、鉄道官舎の狭い家に古い家具がぎっしり詰めこまれ、その隙間で、頑固な鉄道員の父とやさしい母、そして三人の子どもたちがひしめきあって暮らしている。それが映画『鉄道員』の世界なのだが、それからさらに十年がたち、須賀敦子が次男の「嫁」として実家をおとずれたときも、鉄道官舎では、まだおなじような暮らしぶりがつづいていたらしい。

ただし、彼女を「打ちのめした」のは、たんなる物質的な貧しさではなかった。

映画『鉄道員』では、主人公のベテラン機関手が、ある日、とびだした自殺者を轢き、そのショックで赤信号を見のがして衝突事故を起こしそうになる。それによる不本意な左遷に、娘の離婚と息子の家出がかさなり、やけになったかれはスト破りに走って仲間から孤立してしまう。

そして、『トリエステの坂道』にある「キッチンが変った日」というエッセイによると、ペッピーノの家族もまた、戦後すぐ、これによく似た、いや、それ以上に大きな不幸の連鎖を経験していた。まず兄のマリオ、ついで妹のブルーナが、どちらも「貧乏人には死に到る病として恐れられていた」結核で死ぬ。そして、こんどは信号手の父親が機関車に接触し、化膿した傷口を癒やせないまま長いあいだ苦しみ、退院後のある日、ちょっと横になるよ、といったきり死んでしまう。ようは戦後、この一家にはペニシリンなどの高価な抗生物質を買う力がなかったのだ。

こうして「三人の生命が、短いあいだにむごたらしく家族からもぎとられ、ひきちぎられていったあと」と、須賀は「キッチンが変った日」にしるしている。

……「そこにあるのは」このうす暗い部屋と、その中で暮らしている人たちの意識にのしかかり、いつ熄《や》むとも知れない長雨のように彼らの人格そのものにまでじわじわと浸《し》みわたりながら、あらゆる既成の解釈をかたくなに拒んでいるような、あの「貧しさ」だった。（略）私は、彼らが抱えこんでいるその「貧しさ」が、単に金銭的な欠乏によってもたらされたものではなく、つぎつぎとこの家族を襲って、残された彼らから生への意欲まで奪ってしまった不幸に由来する、ほとんど破壊的といってよい精神状態ではないかと思うようになった。

そしてこの家族をさらなる不幸がおそう。精神的にも物質的にも、のこされた一家の大黒柱ともいうべき次男のペッピーノが死んだのである。

以下、松山の年譜によってしるすと、一九六七年三月、「ペッピーノが肺の病にかかるが、一時快方にむかい、収入が少なく、入院させることをためらう」うちに、容体が急変。「無理にでも早く入院させていたらと、悔やむ」も、ほどなく六月三日、まことにあっけなく世を去っていった――。

ここでの「ためらう」や「悔やむ」の主語はもちろん須賀敦子――。

この一家は「貧しさ」ゆえに、父親のみならず、息子や娘までもむざむざと死なせてしまった。その四人目のペッピーノの死後、あとにのこったのは乏しい年金で暮らす老いた母親と、たよりない弟だけ。つまり、これは裕福な家庭の娘として異国にやってきて、思いもよらず、そんな境遇においつめられた女性の「ためらい」や「悔やみ」にほかならないのです。

それからまた二十年がたち、須賀は東京で『鉄道員』を見て、あの当時、この映画を見たら、「自分が溶けてしまうほどの、もういちど立ち上がれないほどの衝撃を受けただろう」と感じた。

そして『ミラノの奇蹟』とちがって、なぜか『鉄道員』の話はしようとしなかった生前のペッピーノのことを思いだす。

――あのころは気づかなかったけれども、かれはきっと、「貧しさ」によって「生への意欲」をうばわれた一家の苦しみを、この映画であらためて確認させられるのがいやだったのだ。

しかも、その「破壊的といってよい精神状態」が、ペッピーノ自身の死によっていっそう決定的なものになる。その「破壊的」のうちには家族の一員として「私」もいた。それがおそらく須賀のいう「立ち上がれないほどの衝撃」が意味することだったのだろう。

そして、こう考えると、さきに引いた「福祉という柵」という文章の、「もし私が、そんな福祉の対象になる立場に置かれたとしたら、どんなにつらいだろうか」という一行が、以前とはべつなふうに読めてくる。

この文章は「福祉の対象になる」者ではなく、かれらを「ふつうの人間と同じように生きられない」と決めて、福祉の「柵」の向こうに追いやってしまいかねない者の視点から、みずからを批判するというしかたで書かれていた。通常、そうとしか私たちには読めない。

しかし須賀がこの文章を書いたのは一九七七年――ペッピーノの死からまだ十年しかたっていない時期なのです。とすれば、ここでの「もし私が……」という一行も、ただのカタチだけの仮定ではない。そこにはわずか十年まえ、じぶんがイタリアで「福祉の対象」になりかねない貧しい家族の一員であったころの「つらい」記憶が、まだなまなましく染みついていたにちがいない。そう考えることも可能なのではないか。

一九七七年といえば須賀が日本にもどって六年後――その間、彼女は練馬区関町に設けた「エマウスの家」を拠点に、二十人ほどのボランティアの若者たちとともに廃品回収にはげんでいた。帰国まえに神戸暁光会のヴァラード神父とフランスで会い、そこでの話にはじまる運動だったらしい。

この「エマウスの家」の活動については、須賀もほとんど語っていないので、具体的なことはよくわからない。

でも、それがゴリゴリの使命感というよりは、「ためらい」や「ゆれ」や「うたがい」もすすんで受け入れる、ゆるいかたちの運動だったらしいというていどの推測はつく。そんななかで須賀は作業場に寝泊まりし、ときには廃品回収のためGパン姿で小型トラックを運転してまわったりもした。ただし、そこにはいつも「あれあれ、オバサンがそんなむりをして」という仲間うちでの笑いがつきまとっていたみたい。その点で、ともすれば美談にされがちだった往年のバタ車をひく北原怜子とはちがう。

そして一九七五年の末に「エマウスの家」のリーダー役をしりぞき、大学教師と物書きの暮らしに移ってゆく。カトリック入信と聖心での奉仕活動にはじまる彼女の宗教的な活動家時代の終わり。そのあと『ミラノ　霧の風景』にはじまる日本での七年間の短い文筆生活をへて、一九九八年に六十九歳で没した。もしいまの私の年齢まで生きることができたら、おそらく大きく完結したであろう「世界文学」の構想をあとにのこして。

北原怜子『蟻の街の子供たち』三笠書房、一九五三年／聖母の騎士社・聖母文庫、一九八九年
松居桃楼『蟻の街の奇蹟――バタヤ部落の生活記録』国土社、一九五三年
松山巖『須賀敦子の方へ』新潮社、二〇一四年／新潮文庫、二〇一八年
須賀敦子『コルシア書店の仲間たち』文藝春秋、一九九二年／文春文庫、一九九五年
須賀敦子『トリエステの坂道』みすず書房、一九九五年／新潮文庫、一九九八年
須賀敦子『ミラノ　霧の風景』白水社、一九九〇年／白水Uブックス、二〇〇一年

あとがき

ひとの一生がまもなく終わろうとしている。いやいや、ひとごとではないぞ。現に私自身が、いま人生のそのステージをよろよろと頼りなく歩んでいるのだから。

と思ったら、「最後の食卓」でも「最後の旅」でも、いわんや「最後の恋」でもなく、ごく自然に「最後の読書」というフレーズが頭にうかんだ。ちょっとわびしい気がしないでもないけど、でもまあ、しかたないか。なにしろ読む人間、書く人間、つくる（編集する）人間として、あまりにも長い時間を、本のそばで、本とともに生きてしまったのだもの——。

ただし、このフレーズが本書のタイトルになるについては、もうひとつ、より決定的なきっかけがあった。

というのも、二年ほどまえに、鶴見俊輔氏の『「もうろく帖」後篇』という刊行されたばかりの遺著を読んだ。くわしくは冒頭の章でふれたので、そちらを見ていただくとして、とにかくこの小さな本によって、病に倒れた鶴見さんが亡くなるまでの最後の三年半、書くことも話すこともできずに、ただ黙々と病床で本を読みつづけていたと知り、その事実に想像もしていなかったほどはげしく気持を揺さぶられたのです。

——うーむ、鶴見さん、幼年期のマンガ体験にはじまった九十年もの読書私史を、そんなふうに閉じることになったのか。

そうした感慨をある席でのべたら、じゃあそこにはじまる本を書いてみたら、という話になり、思いがけず、この本のもとになる連載がはじまった。マンガや大衆小説から歴史やガチガチの思想書まで、市井の人びとの自費出版本などもふくめて、希代の雑書多読派だった鶴見さんの「最後の読書」——それをみちびきの杖に、それにすがってあたりを漫歩する老人読書の現状報告。そんな文集として気軽にページをめくっていただければうれしい。

この年齢になってわかったが、年老いた人間の読書には、少年少女や青年や壮年のそれとはかなりことなる性質があるみたい。

年齢はどうあれ、ひとは、それまでにかれが生きた過去の体験の集積（経験）をまるごとひっかかえて本を読むし、読むしかない。

そして老人と老人以前とでは、たんなる事実として、その集積の（質とまではいわずとも）量がちがう。しかも心身のおとろえに並行して、未来を想像する力も遠慮なく失われてゆくので、古い本だけでなく、新しい本までも、思わず知らず、過去に積みかさなったおびただしい体験のあいだを往ったり来たり点検しながら読んでしまう。未来より過去にかたむく。そういう読み方がしだいにしっくり感じられるようになった。

で、その過去にしても、昨今の私の場合でいえば、頭にカッと血をのぼらせて生きていた青年や壮年期より、気がつくと、それよりさらに古い記憶の層――はるか少年期の体験のほうに引きよせられることのほうが多くなっている。

戦争が終わって十年間ほどの、いわゆる戦後民主主義の時代、そしてまた、この国の人びとの暮らしがとことん貧しかった時代――。

それが私の少年期に当たるのだが、かといって、当時、そのことをとくに深刻に意識していたわけではないですよ。民主主義にしても貧困にしても、ものごころがついたら、もうそのまっただなかにいた。その与えられた環境を、いつの時代の少年少女もそうであるように、世界とはこういうものなのだと、そのまま受け入れて遊んでばかりいたのですから。

そして、いざ歳をとって気がつくと、いつのまにか、少年期に読んだ本にかぎらず、その時代にかかわる本や文献を読む時間が増えていた。ときには、私よりもずっと若い方々のしごとに接することで、「私の時代」の抱えていた複雑さが、私など考えもしなかったような新しい角度から解きほぐされたりする。そうした発見がことのほか新鮮に感じられる。

――それはよかったね。

――うん、よかった。このたのしみがもうすこしつづいてくれたら、なおいいのだがね。

と、そう私はねがうのだが、なにせ「最後の読書」である。いつなにが起こるか、わかったものではないのですよ。

今回も、この文集の連載にはじまり本の制作まで、その一切を新潮社の疇津真砂子さんに支えていただいた。いつもながら同社校閲部の方々のご苦労にも感謝。そしてもちろんおなじ年齢の友、平野甲賀の装丁にも。みなさん、ありがとう。

二〇一八年十月二十日

津野海太郎

初出
Webでも考える人
連載「最後の読書」2017年5月8日〜2018年9月5日

津野海太郎
つのかいたろう
1938年福岡生まれ。評論家。
早稲田大学卒業後、劇団「黒テント」演出、晶文社取締役、
『季刊・本とコンピュータ』総合編集長、和光大学教授・図書館長などを歴任。
著書に『滑稽な巨人——坪内逍遙の夢』(新田次郎文学賞)、
『ジェローム・ロビンスが死んだ』(芸術選奨文部科学大臣賞)、
『花森安治伝』、『百歳までの読書術』、『読書と日本人』ほか。

最後《さいご》の読書《どくしょ》

著 者
津野海太郎《つのかいたろう》

発 行
2018 年 11 月 30 日
2 刷
2021 年 2 月 10 日

発行者 佐藤隆信
発行所 株式会社新潮社
〒162-8711 東京都新宿区矢来町71
電話 編集部 03-3266-5411
読者係 03-3266-5111
https://www.shinchosha.co.jp

印刷所
大日本印刷株式会社
製本所
加藤製本株式会社

乱丁・落丁本は、ご面倒ですが小社読者係宛お送り下さい。
送料小社負担にてお取替えいたします。
価格はカバーに表示してあります。

ISBN978-4-10-318533-8 C0095